Theodor Fontane

Man hat keine andre Heimat mehr als die Erde

Ein Fontane-Brevier mit 40 Vignetten von Egbert Herfurth

Herausgegeben von Gotthard Erler

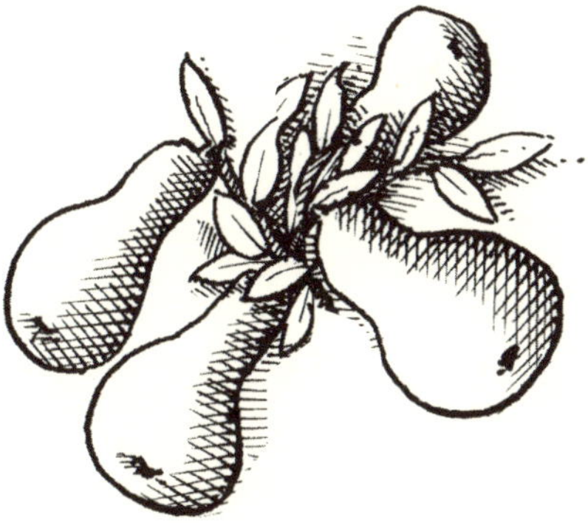

Faber & Faber

Inhalt

Vorwort

Fontane, der stolz auf seinen »Sinn für Tatsächlichkeiten« war, hat sich gründlich geirrt, als er sein literarisches Nachleben auf höchstens ein halbes Jahrhundert taxierte. Diese »fünfzigjährige Unsterblichkeit«, das Verfallsdatum sozusagen, ist längst überschritten, die Limitierung der »Unsterblichkeit« aufgehoben. Sein Werk wird gelesen und geliebt, Film und Fernsehen bedienen sich gern bei seinen Stoffen, und manche verdienen im Brandenburgischen ihren Lebensunterhalt bei Einrichtungen, die seinen Namen tragen. Er wäre – um ein anderes Beispiel für seine Gegenwärtigkeit zu geben – sehr verwundert über die horrenden Summen, die auf dem Autographenmarkt für Handschriften von ihm gezahlt werden: allein die 250 vor Jahren schon zuverlässig edierten Briefe an Georg Friedlaender wechselten 2011 für 300 000 Euro den Besitzer, und der dreiseitige *Entwurf* zu der berühmten Ballade von Herrn von Ribbeck auf Ribbeck im Havelland wurde für 130 000 Euro versteigert – Beträge, von denen die Fontane-Familie jahrelang gut hätte leben können.

Diese außerordentliche Popularität legitimiert in besonderem Maße den vorliegenden Versuch, den Lesern einen Extrakt aus seinen Schriften, aus Briefen und Gedichten vor allem, anzubieten, die einen nicht alltäglichen Blick in den Schatz seiner Lebenserfahrungen gewähren. Seine »Brevier-Berechtigung« (so hätte er es formuliert) ist kaum zu bestreiten – nicht etwa als belehrender Leitfaden (so wie der katholische Kleriker die Gebete seines Breviers zu nutzen hat), sondern als vergnügliche oder nachdenkliche Anregung und als Lesespaß. Brevier also als eine säkularisierte moderne Sammlung von relevanten Texten als amüsanter Ratgeber und als freundlicher Begleiter durch All- und Feiertag. (Übrigens in einer langen Tradition, denn Olga und Heinrich Spiero veröffentlichten schon 1902, vier Jahre nach dem Tod des Autors, im Verlag des Fontane-Sohns Friedrich ein erstes Brevier, und von den jüngeren seien nur Bettina Plett (1990) und Ulf Diederichs (1998) genannt.)

Die Notate sind zwar hundert Jahre alt (und oft noch älter), haben aber in ihrem Facettenreichtum und in ihrer Substanz keinerlei Staub angesetzt. Denn Fontane war ein sensibler Zeitgenosse seines bemerkenswerten Jahrhunderts, und er hat die Ereignisse in Gesellschaft und Kunst, in Wissenschaft und Technik als »signatura temporis« wahrgenommen und zu deuten gewußt und ist dabei zu einer Persönlichkeit gereift, deren Äußerungen überzeitlich gültig bleiben und bei denen auch Leser des 21. Jahrhunderts getrost und gewinnbringend nachschlagen können. Und man wird beim Schmökern in diesem vielfarbigen Mosaik immer wieder auf Hilfe in vergleichbaren persönlichen Situationen stoßen und – nicht zuletzt – sich an den esprit- und humorvollen Anekdoten und Geschichten erfreuen.

Doch die ausgewählten und nach biographisch bedeutsamen Themen gruppierten Texte lassen sich auch nacheinander lesen und fügen sich dabei zu einer Art Autobiographie dieses offenbar unverwüstlichen Klassikers – weshalb sie chronologisch angeordnet sind und Lebens- und Gedankenwelt in ihrer Entwicklung nacherlebbar machen.

Und ein Leben voller Brüche, Umbrüche und Widersprüche tut sich vor uns auf. Professor für Geschichte möchte der Junge werden, aber der Vater bestimmt ihn zum Apotheker. Da Louis Henri indes das kleine Vermögen der Familie durchbringt, kann der Sohn keine Offizin erwerben, und da ein Pharmazeut ohne eigene Apotheke in der sozialen Hierarchie der Zeit nur als »Giftmischer« gilt, wechselt Fontane, der ohnehin nebenher stets Gedichte geschrieben hat, in die Journalistik. Im liberalen England sucht er sein Glück zu finden, aber er kehrt nach Berlin zurück und wird Redakteur der ultrakonservativen »Kreuzzeitung«. Als er den ungeliebten Posten 1870 endlich los ist, begibt er sich wiederum auf ein neues Terrain: er übernimmt die Berichterstattungen über die Aufführungen im Schauspielhaus am Gendarmenmarkt in Berlin und referiert zwanzig Jahre lang darüber in der »Vossischen Zeitung«; kaum sind aber die ersten Rezensionen des »Neulings im Fach« erschienen (sein Autorenkürzel Th. F. löst der spöttische Glasbrenner in »Theater-Fremdling« auf!), reist er als Kriegsberichterstatter nach Frankreich und setzt die Serie seiner Bücher über die Bismarckschen Einigungskriege fort. Was er bei alledem eigentlich schreiben will, bleibt liegen: sein Romanprojekt. Er fühlt, daß er eines Tages erst in diesem ganz anderen Genre glücklich werden wird, und er verfolgt dieses Ziel beharrlich.

Fontane ist Märker von Geburt, aber (wie wir heute sagen würden) mit Migrationshintergrund; seine Vorfahren waren Hugenotten, die sich seit 1685 in Berlin und Brandenburg ansiedelten. Er verfaßt zwischen 1862 und 1882 das dauerhafte Kultbuch »Wanderungen durch die Mark Brandenburg«, bekennt aber mit Recht und zur Beherzigung: »Ich und Mark-Bewunderung! Ich weiß, was gut dran ist, aber schwerlich hat sie je einen strengeren Kritiker gefunden. Und wer richtig liest, der kann das auch finden.« Er hat jahrzehntelang in Berlin gelebt, war aber von London geprägt, und mit der preußischen Metropole verband ihn eine komplizierte Haßliebe. Er empfand sich als einen »in der Wolle gefärbten« Preußen, wurde aber zu einem eloquenten Feind des Borussismus: »Was hat Preußen der Welt geleistet? was find ich, wenn ich nachrechne?« heißt es in »Schach von Wuthenow«; die Bilanz ist verheerend. Nach Erfahrung und Denkansatz war er ein märkischer Europäer, der in der Dialektik von Heimat und Welt lebte: »An der Themse wächst man sich anders aus als am Stechlin«, wird er in seinem letzten Roman 1898 bekennen.

Einen Gedichtzyklus hat er mit den Worten überschrieben: »Unterwegs und wieder daheim« (1855–1858 entstanden). Er war zeitlebens ein passionierter Reisender, der zwischen London und Kopenhagen, Prag, Paris und

Neapel beträchtliche Teile Westeuropas aus eigener Anschauung kannte und der im Herbst 1870 in Frankreich mit knapper Not der standrechtlichen Erschießung entging. Er war ein Großstädter, der sich aus bitteren Erfahrungen zu einem Intimfeind preußischer Verwaltungsbürokraten (der »Geheimräte« aller Couleur in der »Beamtendrillmaschine« Berlin) und zur Geldsackgesinnung der Bourgeoisie entwickelte: »Er ist ein Schafskopf, aber sein Vater hat ein Eckhaus. Mit dieser Bewunderungsform kann ich nicht mehr mit.« Er litt als Künstler am eigenen Leibe an dem Grundsatz der wilhelminischen Ära: »Kunst ist nichts, Geheimrat ist alles.« Und nicht zuletzt: Fontane hat mehrfach den Satz formuliert: »Hinterm Berg wohnen auch Leute, und mitunter noch ganz andere« – ein fast poetisches Bekenntnis zu Toleranz und Weltoffenheit. Brief- und tagebuchverborgen versagen freilich beide Tugenden gegenüber den Juden; aber er, der mit vielen jüdischen Künstlern und Intellektuellen bekannt, ja befreundet war, hat diese Gegnerschaft nie öffentlich gemacht.

Die hier nur angedeuteten Polaritäten in seinem Leben – Apotheker von Beruf, aber Schriftsteller von Berufung – hat er in einer einleuchtenden Formel umschrieben: »Ein Apotheker, der anstatt von einer Apotheke von der Dichtkunst leben will, ist so ziemlich das Tollste, was es gibt.« Fontane hat mit diesem Spagat gelebt, aber der hat auch Spuren hinterlassen: der alte Fontane, wie wir ihn von den wunderbaren Porträts von Max Liebermann kennen, war frustriert von der politisch-gesellschaftlichen Entwicklung in seinem Lande, seine Skepsis gegenüber der Zivilisation wuchs (»Tand, Tand ist das Gebilde von Menschenhand«), und bei ungebremster literarischer Produktion im »kleinen Romanschriftstellerladen« resignierte er vielfach und zog sich, mit fortschreitendem Alter, ins Private zurück (»Was soll der Unsinn?«). Am 9. Mai 1897 schloß er einen Brief an die Tochter mit der Bemerkung: »Die Welt wird überall roher und gemeiner. Nur Potsdamer Straße 134 c, drei Treppen, gibt es noch ein Plätzchen, wo edlere Menschen wohnen, darunter auch der Gefertigte, Dein alter Papa.« Bei aller Enttäuschung und bei aller resignierenden Verbitterung – Fontane hielt nichts von Selbstmitleid, und so endet denn auch sein Gedicht »So und nicht anders« aus dem Jahre 1888 mit den Zeilen:

Und sollt ich noch einmal die Tage beginnen,
Ich würde denselben Faden spinnen.

Er war auch in seinen späten Jahren noch immer ein »amüsabler alter Herr«, ein passionierter, bekenntnisfreudiger Causeur – im persönlichen Umgang, vor allem aber auch in seinem ausgedehnten Briefwerk. Darin und in seinen Gedichten sprudelt eine hinreißende Quelle, bei der man ihm als Mensch und Künstler sehr nahe kommen kann. Bei nachweislicher ehelicher Treue outet er sich zum Beispiel gern als Frauenschwärmer, gesteht er seine Vorliebe für kleine Ohrläppchen bei den Damen und findet einen nur mäßigen Brustumfang am besten; seine Frau Emilie fordert er gelegentlich auf: »Komme nur nicht so sehr fett und vollbusig [aus dem Urlaub] wieder«. Er gibt genüßlich zu, daß er gern und viel ißt, wobei er, der Feinschmecker und Vielfraß war, regelmäßig den Gourmet und den Gourmand durcheinander bringt. Er verfügte zeitlebens nur über eine fragile Gesundheit (wie Frau und Tochter auch), und er hatte immer wieder Gelegenheit, sein Apothekerwissen als Hausarzt zu aktivieren (wobei seine »Kuren« oft kurios genug sind und der Cognac meist als das erfolgreichste Medikament fungiert!)

Fontanes Texte sind in allen Genres köstliche Dokumente, und oft wachsen sie sich zu kurzen Essays oder in sich geschlossenen Erzählungen aus. Er verschenkte diese witzigen Feuilletons großzügig an Verwandte und Freunde; sie sind meist so perfekt, daß er sie hätte auch drucken lassen können. Die Dominanz der Briefe – vor allem an Frau Emilie und Tochter Martha, aber auch an Mathilde von Rohr und Georg Friedlaender – kann dabei als spezieller Vorzug gelten, denn Fontane war zwar nicht sicher, wie sich der französische Begriff »talent épistolaire« korrekt schreibt, aber er verfügte souverän über die Sache. Und ganz besonders seien dem geneigten Leser die Gedichte ans Herz gelegt: die balladenhaften Porträts vom alten Zieten und von John Maynard und dem Herrn von Ribbeck ebenso wie die subtilen, ganz schlichten Altersverse, die auch heute nicht unberührt lassen.

Berlin, im Juni 2012

Gotthard Erler

»Ein Apotheker, der anstatt von einer Apotheke von der Dichtkunst leben will, ist so ziemlich das Tollste, was es gibt«

Fontane zwischen Beruf und Berufung – Autobiographisches

Poet von Fach

Um einen passenden Übergang für das Folgende zu finden, muß ich meine obigen Mitteilungen [über seine Verlobte Emilie Rouanet-Kummer] durch das Geständnis ergänzen, daß namentlich der Poet in mir oft blutige Tränen über den verlobten Bräutigam vergoß. Auch diese Mißhelligkeiten sind beigelegt; meine Braut, die sonst in meinen dichterischen Gelüsten nur eine verhaßte Nebenbuhlerin sah, hat diese plötzlich von Herzen liebgewonnen, und so hoff ich in Zukunft wie der Graf von Gleichen zu leben, bei welchem Bild ich freilich in Zweifel gerate, ob ich meine Muse oder meine Braut mit der feurigen, schwarzäugigen Orientalin vergleichen soll. Stände meine Braut jetzt hinter mir und guckte über die Schulter, so wäre eine Maulschelle mein unzweifelhaftes Los.

An Wilhelm Wolfsohn, Berlin, 10. November 1847

Umsattlung auf die Poesie

Ich bin am 30. Dezember 1819 zu Neuruppin (Mittelmark) geboren, verlebte das beste Teil meiner Kinder- und Knabenjahre zu Swinemünde an der Ostsee, wohin meine Eltern im Jahre 1827 übersiedelt waren. Dreizehn Jahre alt, kam ich nach Berlin auf die Gewerbeschule und trat drei Jahre später bei dem Apotheker *Rose* (einem Bruder der beiden berühmten Professoren *Heinrich* und *Gustav* Rose) in die Lehre. Die sogenannten Konditionsjahre verbrachte ich in Dresden (Struvesche Apotheke) und Leipzig, und war namentlich der Aufenthalt an letzterem Ort und die Verbindungen, die ich daselbst anknüpfte, wohl nicht ohne Einfluß auf mein späteres völliges Quittieren der

Pharmazie. Ihnen im *Vertrauen* gesagt (da ich *stets* der Meinung war, man könne vom *Dichten* nicht leben und Pillendrehen sei nicht um ein Haar prosaischer als Artikelschreiberei fürs Geld), würd ich bis an mein sanftseliges Ende Apotheker geblieben und innerhalb der Literatur immer nur als Dilettant aufgetreten sein, wenn ich Vermögen genug gehabt hätte, mir ein Apothekengeschäft zu kaufen. Daran war indes (alle anderen Bedingungen, wie Examina usw., waren längst erfüllt) gar nicht zu denken, und so ward ich eines schönen Tages nolens volens »Dichter« von Fach. Seit 1849 beschäftigt und nährt mich die Büchermacherei in gutem und schlechtem Sinne, wie's gerad fällt, und nur der *Poesie* (das darf ich ohne Eitelkeit und Sentimentalität sagen) gehören die Weihestunden. Vor einem Jahre hab ich mich verheiratet, lebe in bescheidenen, aber glücklichen Verhältnissen und freue mich des *un*erwarteten Glücks, meine Umsattlung nicht bereuen zu müssen.

An Ignaz Hub, Berlin, 31. Dezember 1851

Minderwertigkeitsgefühl

Luncheon oder Lunch ist Frühstück; es bestand aus: a) Bouillon, b) Roastbeef mit Omelette und Kartoffeln, dazu Sherry, c) Wildpret-Pastete, d) Schinken mit Spargel, e) Plumpudding, f) Wein-Crême, g) Apfelsinen-Salat und Port. So geht das alle Tage, und daß heißt Frühstück! Lebt man dagegen nicht wie ein Hund – und lebt man selbst nicht wieder wie ein Fürst im Verhältnis zu dem millionenfachen Elend rund umher. Solche Betrachtungen sind freilich sehr trivial, aber man kann sich ihrer zuzeiten nicht entschlagen. Bei Tisch selbst ist das Völkchen munter und von gutem Appetit, eine Anekdote jagt die andre, und die verschiednen Sprachen lösen sich dabei einander ab: deutsch, englisch, französisch, italienisch alles bunt durcheinander. Es fehlt einem doch sehr viel! nicht als ob ich dies Geschwätz, das jeder rheinische Gasthofskellner auch prästieren kann, überschätzte, aber – da liegt's – auch ein Oberkellner ist ein ganz andrer Kerl wie man selbst. Wer in irgendeiner Wissenschaft oder Kunst bis auf *die Tiefe* oder Höhe gegangen ist und wahrhaft was geleistet hat, der darf auf diese Kunststückchen, in denen am Ende jeder Abenteurer oder Bummler exzelliert, mit Vornehmheit hinunterblicken; wer aber, wie ich, sich zu einer Art Konkurrenz mit Kellnern und Lohnbedienten drängt, wer, weil er sonst nichts Reelles weiß, wenigstens ein paar lebende Sprachen in der Gewalt haben möchte, der fühlt sich an jeder Table d'hôte blamiert, weil Hinz und Kunz ihm tatsächlich den Beweis führen: es sei nichts mit ihm.

Tagebuch, London, 23. Mai 1852

Poesie, das liebe Hexchen

Poesie, das liebe Hexchen,
Lebt nicht länger mehr mit mir,
Legt nur dann und wann ein Klexchen
Still vor meine Stubentür.

Wenn ich morgens dann erwache
Und das Klexchen liegen seh,
Denk ich, das ist ihre Rache,
Weil ich jetzt mit andern geh.

Dummes Ding, sie will's nicht fassen,
Daß ich tu nur, was ich muß;
Sollt mich lieber laufen lassen
Ohne Vorwurf und Verdruß.

1856 / Gedichte II, S. 442

Eine gute Sorte Sonntagsdichter

Du fragst, wie mir meine Arbeit zusagt. Ich danke für gütige Nachfrage, und Patient befindet sich den Umständen nach wohl. Dies ist nicht Spaß, sondern Ernst. Ich bin eigentlich nach der Seite hin ganz befriedigt und lerne endlich einmal das schöne Gefühl kennen, in meinem Berufe heimisch zu sein. Das Dichten ist eine herrliche Sache, und ich werde mich nie den Eseln zugesellen, die hinterher das Feld bespotten, auf dem sie Fiasko gemacht haben, aber nur *große dichterische* Naturen haben ein Recht, ihr Leben an die Sache zu setzen. Ich bin gewiß eine dichterische Natur, mehr als tausend andre, die sich selber anbeten, aber ich bin keine *große* und keine *reiche* Dichternatur. Es drippelt nur so. Der einzelne Tropfen mag ganz gut und klar sein, aber es ist und bleibt nur ein Tropfen, kein Strom, auf dem die Nationen fahren und hineinsehn in die Tiefe und in das himmlische Sonnenlicht, das sich drin spiegelt. Ich bin eine gute Sorte Sonntagsdichter, der sein Pensum Wochenarbeit zu machen und dann einen Reim zu schreiben hat, wenn ihm Gott einen gibt, der aber die Welt weiter nicht kränkt, wenn er's unterläßt. Ich glaube, daß ich über meinen gegenwärtigen Beruf nicht immer so vorteilhaft denken werde wie in diesem Augenblick, aber zunächst wenigstens bin ich zufrieden.

An Frau Emilie, London, 13. Januar 1857

Jammerexistenz

Ich habe jetzt den Poeten aus- und den Zeitungsmenschen angezogen; als letztrer hoff ich mich ohne besondre Mühe durchzuschlagen. Wenn man aber [in Berlin] glaubt, daß ich, *ohne irgendwas Bestimmtes in Aussicht zu haben*, dies Leben voll Trennung und Freudlosigkeit, mit einem Wort dies Chambre-garni-Leben mit obligatem Roastbeef bei Simpson fortsetzen soll, so irrt man sich. Was dies Leben Gutes hat, verkenn ich nicht; ich bin unabhängig und habe keine Geldsorgen. Aber au fond ist doch dies Leben nicht gut, weil es *wirklich* gut ist, sondern nur deshalb, weil ich viele Jahre lang (eigentlich mein *Lebelang*) eine Jammerexistenz geführt habe. Ich habe nie etwas andres wie Not und Verlegenheit vor Augen gehabt, und mitunter ist es mir ein Rätsel, daß ich mit einer gewissen Frische über all die Misere hinweggekommen bin. Wie einem Menschen zumute ist, der auskommt, der so viel hat, wie er braucht, diesen normalen Zustand, in dem sich früher alle redlichen Menschen befunden haben, hab ich erst hier [in London] kennengelernt.

An Frau Emilie, London, 18. März 1857

An einem politischen Mittelpunkt leben

Eine Übersiedlung nach München – Du wirst das nicht als Undank oder Ungezogenheit gegen Deine frühren freundlichen Absichten fassen – liegt nicht mehr innerhalb meiner Wünsche. So vieles mir dort gefallen hat, so sehr fühl ich doch, daß es auf die Dauer kein Boden für mich wäre. Glänzende Aussichten (d. h. *viel* Geld) würden natürlich meine Sprödigkeit besiegen, aber wie käm ich zu »glänzenden Aussichten«, worauf sollten sie *basieren*? Ich weiß es selber nicht, wie sollten es andre wissen! Unter gewöhnlichen, bescheidnen Verhältnissen leb ich aber doch lieber hier als an irgendeiner andern deutschen Residenz, nur *Wien* könnte mich verführen, wenn es nicht gerade wiederum Wien wäre. Es ist mir im Laufe der Jahre, besonders seit meinem Aufenthalte in London, Bedürfnis geworden, an einem großen Mittelpunkte zu leben, in einem Zentrum, wo entscheidende Dinge geschehn. Wie man auch über Berlin spötteln mag, wie gern ich zugebe, daß es diesen Spott gelegentlich verdient, das Faktum ist doch schließlich nicht wegzuleugnen, daß das, was hier geschieht und nicht geschieht, direkt eingreift in die großen Weltbegebenheiten. Es ist mir Bedürfnis geworden, ein solches Schwungrad in nächster Nähe sausen zu hören, auf die Gefahr hin, daß es gelegentlich zu dem bekannten Mühlrad wird.

An Paul Heyse, Berlin, 28. Juni 1860

Adlig oder bürgerlich?

Mir geht es ganz gut, und wiewohl ich keineswegs immer in Einsamkeit leben möchte, weil es auf die Dauer nach meinem Geschmack entsetzlich sein würde, so muß ich doch andrerseits offen gestehn, daß man, auf eine kurze Zeit, in solcher Einsamkeit ordentlich aufatmet. Als glücklicher Familienvater, mit Frau und 3 Kindern um mich her, befind ich mich eigentlich konstant in der nervösen Aufregung einer Besatzung, die jeden Augenblick einen Angriff erwartet, und ich darf wirklich sagen, daß ich dies Gefühl der Ruhe, des Ungestörtseins dankbar genieße. Des Morgens kann ich ruhig eine Viertelstunde lang gurgeln, ohne irgend wen zu belästigen und meinerseits durch Zeichen des Mißfallens belästigt zu werden. Auch bei Tisch ist es mir eine Erquickung, nichts von Erziehung zu hören oder selber erziehen zu müssen. Ich habe für diese Partien des Familienlebens keinen Sinn; es hängt das damit zusammen, daß mir überhaupt ganz und gar der bürgerliche Sinn fehlt und daß mich nur das Adlige interessiert. Ich verwahre mich übrigens feierlich dagegen, daß das, was ich »adlig« nenne, bloß an der Menschenklasse haftet, die man »Adel« nennt; es kommt in allen Ständen vor, es ist der Sinn für das Allgemeine, für das Ideale und die Abneigung gegen den Krimskrams des engsten Zirkels, dessen Abgeschlossenheit von selbst dafür sorgt, daß aus jedem P – ein Donnerschlag wird.

An Frau Emilie, Berlin, 12. Juli 1863

Das Apothekerwissen noch nicht vergessen

So weit war ich gekommen, als ich zu Tisch gerufen wurde; es gab Rester: mutton-broth von gestern, Mohrrüben von vorgestern, weiße Rüben von vorvorgestern, Quetschkartoffeln von heute und »Boulettes« von der ganzen Woche. Die Sauce zeichnete sich durch Gurkenreichtum aus, was wohl darin seinen Grund hat, daß Deine gewässerten, gesalzenen, gesäuerten, dreimal Essig-gebrühten Gurken schließlich *doch* verdorben sind. Den Triumph, Dir dieses zu melden, kann ich mir nicht entgehen lassen, da Du mir damals die Bemerkung übelnahmst: sie werden gewiß verderben. So viel steckt noch von einem alten »Provisor« in mir.

An Frau Emilie, Berlin, 24. Oktober 1868

Wert eines Maschinenrades

Alles, was Du über meine Stellung zur Zeitung schreibst, ist richtig und ist sogar noch viel richtiger, als Du wissen kannst; man ist eine bloße Sache, man hat den Wert eines Maschinenrades, das man mit Öl schmiert, solange das Ding überhaupt noch zu brauchen ist, und als altes Eisen in die Rumpelkammer wirft, wenn die Radzähne endlich abgebrochen sind, aber so gewiß ich das Brutale schmerzlich empfinde, das darin liegt, so hab ich doch nun nachgerade einsehen gelernt, daß es *hier zu Lande*, in den gesegneten Gauen des norddeutschen Bundes, überall so ist und daß man nur so lange Wert hat, als man tagtäglich und immer aufs neue seine Brauchbarkeit beweisen kann.

An Frau Emilie, Berlin, 4. Dezember 1869

Neapel oder die Müggelsberge

Seit 4 Tagen wieder hier, eile ich, um Ihnen ein Lebenszeichen von uns zu geben. Sieben schöne Wochen, die wir in Venedig, Florenz, Rom u. Neapel zubrachten, liegen hinter uns; unsre Erwartungen sind fast noch übertroffen worden, dennoch sind wir froh, nun wieder in der Heimat zu sein und unsrer Arbeit, unsren Kindern und Freunden leben zu können. In der Jugend, wo man noch flügger, noch weniger verwachsen mit dem Boden ist, auf dem man geboren wurde, kann einem in der Fremde und ganz besonders in einer so schönen Fremde der Wunsch kommen, sich auf lange niederlassen und das Herrliche ganz genießen, das Lernenswerte ganz lernen zu wollen. Man hat dann noch eine freie Wahl und kann sein Leben, sein Studium, seine Interessen an irgendein Schönes setzen, das einem irgendwo entgegentritt. In spätren Lebensjahren ist das nicht mehr möglich; man ist dann nicht bloß mit einer Frau (wenigstens in der Regel), sondern auch mit einer bestimmten Lebensaufgabe verheiratet, die einem nun nicht mehr erlaubt, willkürlich dies und das zu tun, sondern einen mit wohltuender Gewalt in das vorgeschriebene Geleise pflichtschuldiger Tätigkeit zurückzwingt. Vor 30 Jahren hätten mich nicht zehn Pferde von Neapel weggekriegt, und ich würde Kopf und Kragen daran gesetzt haben, mein Leben, oder doch ein bestes Stück davon, dem Studium Pompejis und seiner ausgegrabenen, wunderbaren Schätze zu widmen. *Jetzt* konnte mir dieser Wunsch nicht mehr kommen, kaum der Gedanke. All dieser Herrlichkeit gegenüber empfand ich deutlich, und nicht einmal schmerzlich, daß meine bescheidene Lebensaufgabe nicht am Golf von Neapel, sondern an Spree und Havel, nicht am Vesuv, sondern an den Müggelsbergen liegt, und inmitten aller Herrlichkeit, die nur eben bildartig gesehn und dann in den Kasten der »Anschauungen« hineingetan sein wollte, zog es mich an die schlichte Stelle zurück, wo meine Arbeit und in ihr meine Befriedigung liegt.

An Mathilde von Rohr, Berlin, 24. November 1874

Eine Summe von Miserabilitäten

Aber sie [Frau Emilie] scheint sich endlich auch in ihrem Urteil anders zu dieser unglückseligen »Sekretär«-Frage [an der Akademie der Künste] stellen zu wollen. Sie hört jetzt von den verschiedensten Seiten her, daß es, mit alleiniger Ausnahme des Gehalts, nicht bloß eine untergeordnete, unerquickliche Stellung sei, sondern daß man sich auch nicht im geringsten beflissen gezeigt hat, mir diese Unerquicklichkeiten minder fühlbar zu machen. Dies *konnte ich aber verlangen.* Einem jungen Assessor, der sich eben verheiraten möchte, oder einem armen Teufel mit vielen Kindern und wenig Brot kann man schließlich alles mögliche zumuten; ich war aber weder das eine noch das andre, sondern ein Mann, der aus einer freien, ihn vollkommen glücklich machenden Tätigkeit heraustrat, um nunmehr durch Übernahme eines leichten, ehrenhaften und gut dotierten Amtes bequemer und im Hinblick auf die Zukunft sorgenloser leben zu können. Danach ist man mir aber nie begegnet. Ohne daß man unartig oder beleidigend gegen mich gewesen wäre, was ich mir einfach verbeten haben würde, hat man mich doch nie wie einen etablierten deutschen Schriftsteller, sondern immer wie einen »matten Pilger« behandelt, der froh sein könne, schließlich untergekrochen zu sein. Immer die unsinnige Vorstellung, daß das Mitwirtschaften in der großen, langweiligen und, soweit ich sie kennengelernt habe, total konfusen Maschinerie, die sich Staat nennt, eine ungeheure Ehre sei. Das »Frühlingslied« von Uhland oder eine Strophe von Paul Gerhardt ist mehr wert als 3000 Ministerial-Reskripte. Nur die ungeheure Eitelkeit der Menschen, der kindische Hang nach Glanz und falscher Ehre, das brennende Verlangen, den alten Wrangel einladen zu dürfen oder eine Frau zu haben, die Brüsseler Spitzen an der Nachtjacke trägt, nur die ganze Summe dieser Miserabilitäten verschließt die modernen Herzen gegen die einfachsten Wahrheiten und macht sie gleichgültig gegen das, was allein ein echtes Glück verleiht: Friede und Freiheit. Je älter ich werde, je mehr empfinde ich den Wert dieser beiden; alles andre ist nichts; jedenfalls bin ich froh, meinen Kopf noch rechtzeitig aus dieser dreimal geknoteten Sekretär-Schlinge herausgezogen zu haben.

An Mathilde von Rohr, Berlin, 30. November 1876

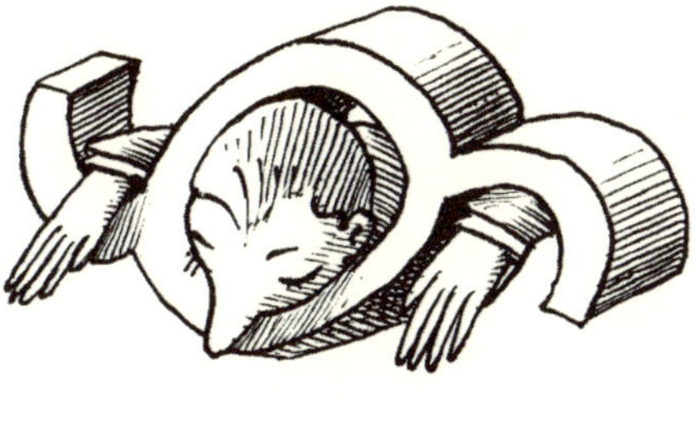

Selbstwertgefühl

Führen mich bestimmte literarische Zwecke in solche Häuser [Fontane berichtet von einem Abend bei Graf Egloffstein in Potsdam, »wo furchtbar viel Gräflichkeit und Christlichkeit versammelt war«], so nehm ich das Unbequeme nicht bloß geduldig mit in den Kauf, so fühl ich es auch gar nicht; die stündliche Wahrnehmung, daß ich *das* erreiche, was ich erreichen will, erhält mich bei guter Laune. Ich kriege, wie die Berliner sagen, »meinen Preis heraus«. Fehlen diese Zwecke aber, so krieg ich ihn *nicht* heraus und ärgre mich, meine Zeit so nutzlos veranlagt zu haben. Dazu kommt noch ein kleiner Neben-Ärger, der, je älter ich werde, immer stärker wird. In der Regel verlaufen die Dinge so, daß man zwar mit exquisiter Artigkeit behandelt, dem Ganzen aber doch ein Ton und Wesen gegeben wird, aus dem man die einem zuteil werdende bedeutende gesellschaftliche Auszeichnung erkennen soll. Dies ist mir nun im höchsten Maße langweilig und ridikül; ich empfinde nichts von einer Auszeichnung, bin vielmehr so kolossal arrogant, mir umgekehrt einzubilden, die Leute müßten froh sein, mich kennengelernt zu haben. Denn erstlich hab ich doch auch so was wie einen Namen oder Nämchen, was aber viel wichtiger ist, ich habe viel erlebt und gesehen und kann darüber, wenn mir nur einer zuhören will, was aber freilich selten der Fall ist, in eingehender, bilderreicher und espritvoller Weise sprechen. Es ist nichts Auswendiggelerntes, nichts Schablonenhaftes in mir, ich bin *ganz selbständig* in Leben, Anschauung und Darstellungsart und halte mich deshalb für interessant und apart. Aber die Menschen wollen im ganzen genommen wenig davon wissen. Es geht mir mit meinem Wesen, Charakter und gesellschaftlichen Auftreten wie mit meinen Büchern, einige sind sehr davon eingenommen, aber die große, große Mehrheit läßt mich im Stich.
Ich habe mich auf der letzten halben Seite aus meinem eigentlichen Thema herausverirrt – ich wollte von meinem Selbstgefühl den sogenannten vornehmen Kreisen gegenüber sprechen und habe mich schließlich als Selbstgefühls-Mensch überhaupt decouvriert. In solchen Bekenntnissen macht man sich ja leicht lächerlich, und ich werde dieser Gefahr wohl nicht ganz entgangen sein; aber etwas kann vielleicht mit meinem Selbstgefühl versöhnen: das heitre Zugeständnis all der Niederlagen, die dasselbe beständig erlebt.

An Mathilde von Rohr, Berlin, 6. Juni 1881

Nobilitierung in der Norderneyer Apotheke

Erst in die Apotheke. Hier traf ich Herrn Apotheker Ommen in Person, einen stattlichen Friesen von Bildung, Manieren und Distinktion. Eine Inselgröße. Ich bat um ein Fläschchen Esprit de Menthe und bestellte mir für heut ein großes Oxycroceum-Pflaster. Bei der Gelegenheit nannte ich ihm meinen Namen und begann diesen wie gewöhnlich zu buchstabieren. Er lehnte dies aber mit einer verbindlichen Handbewegung ab und sagte nur, halb fragend, halb sich verneigend, »*Theodor* Fontane«, mit Betonung des Vornamens. Als ich nun meinerseits nickte und sozusagen meinen Prinzen-Stern zeigte, murmelte er allerlei dunkle Huldigungsworte, so daß ich die Apotheke mit dem Gefühl verließ, den größten Triumph meines Lebens erlebt zu haben. Und dies ist nicht etwa scherzhaft, sondern ganz ernsthaft gemeint. Du weißt, wie mißtrauisch und ablehnend ich in diesem Punkte bin. Dies war aber *wirklich* was und wiegt mir drei Orden auf, denn Anerkennung, Freude, ja selbst Respekt (*der* Artikel also, in dem man ganz besonders und bis zur Ungebühr zu kurz kommt) sprachen sich in dem Benehmen des Mannes aus. Dies lange Schreiben darüber mag etwas Komisches haben, ich befinde mich aber in der Lage eines jungen Mädchens, das sich gestern abend verlobt hat und ihrer Freundin über diesen Lebensakt berichtet.

An Frau Emilie, Norderney, 19. Juli 1883

Catilinarische Existenzen

Herzl. Dank für Ihre freundl. u. sehr interessanten Zeilen. Ich könnte, die Bitternisse meines Herzens ausschüttend, mit einer ganzen Welt voll Grimm u. Anklage dabei sekundieren, aber ich mag Sie nicht in eine Correspondance verwickeln u. dann – was hilft es? Das entscheidende Wort haben Sie schon gesprochen: »Jeder wird so gut u. so schlecht behandelt, wie er's verdient.« Dem einzelnen gegenüber mag es nicht immer ganz zutreffen, aber *Gesamtheiten* gegenüber gewiß. Sechste Großmacht [die Presse]! Ja, so könnte es sein, mehr noch, es *ist* so, trotz der Pariaschaft, in der das Ganze wie der einzelne nach wie vor beharrt; aber wie kleinstaatlich schwach sind wir doch zugleich in unsrer Großmachtstellung. Wir sind Karl Moor oder meinetwegen auch der Mahdi. Furcht ist da, aber nicht Respekt, u. der letzte Steueroffiziant gilt im offiziellen Preußen mehr als wir, die wir einfach »catilinarische« Existenzen sind.

An Friedrich Stephany, Berlin, 9. Dezember 1883

Balladen – das einzige Vermögen

Seit anderthalb Wochen bin ich hier [in Krummhübel] wieder allein und arbeite fleißig. Aber immer nur Verse. Daß es mir noch mal vergönnt sein würde, zu den Göttern oder Hämmeln meiner Jugend zurückzukehren, hätt ich mir nicht träumen lassen. Es handelt sich dabei um ein ganzes Dutzend Balladen, so daß mein Balladenkapital, das ich Euch als einziges Vermögen hinterlasse, dadurch um ein Drittel anwächst. Wie hoch Ihr das veranschlagen wollt, muß ich Euch überlassen. Wäre der Sinn der Nation ein andrer, so würde dem vorstehenden Satz jede Bitterkeit, jede Selbstironie fehlen; wie's aber mal steht und liegt, ist eine alte, sieben Jahre getragene Hausweste allerdings mehr wert als eine Ballade. Die Weste bringt auf dem Trödel wenigstens 1,50 Mark ein.

An Sohn Theodor, Krummhübel, 4. Juni 1885

Rückblick

Es geht zu End und ich blicke zurück.
Wie war mein Leben? wie war mein Glück?

Ich saß und machte meine Schuh;
Unter Lob und Tadel sah man mir zu.

»Du dichtest, das ist das Wichtigste ...«
»Du dichtest, das ist das Nichtigste.«

»Wenn Dichtung uns nicht zum Himmel trüge ...«
»Phantastereien, Unsinn, Lüge.«

»Göttlicher Funke, Prometheusfeuer ...«
»Zirpende Grille, leere Scheuer.«

Von hundert geliebt, von tausend mißacht't,
So hab ich meine Tage verbracht.

1885/88 / Gedichte I, S. 33

Ausgang

Immer enger, leise, leise
Ziehen sich die Lebenskreise,
Schwindet hin, was prahlt und prunkt,
Schwindet Hoffen, Hassen, Lieben,
Und ist nichts in Sicht geblieben
Als der letzte dunkle Punkt.

1885/88 / Gedichte I, S. 41

So und nicht anders

Die Menschen kümmerten mich nicht viel,
Eigen war mein Weg und Ziel.

Ich mied den Markt, ich mied den Schwarm,
Andre sind reich, ich bin arm.

Andre regierten (regieren noch),
Ich stand unten und ging durchs Joch.

Entsagen und lächeln bei Demütigungen,
Das ist die Kunst, die *mir* gelungen.

Und doch, wär's in die Wahl mir gegeben,
Ich führte noch einmal dasselbe Leben.

Und sollt ich noch einmal die Tage beginnen,
Ich würde denselben Faden spinnen.

1885/88 / Gedichte I, S. 34

Meine Gräber

Kein Erbbegräbnis mich stolz erfreut,
Meine Gräber liegen weit zerstreut,
Weit zerstreut über Stadt und Land,
Aber all in märkischem Sand.

Verfallene Hügel, die Schwalben ziehn,
Vorüber schlängelt sich der Rhin,
Über weiße Steine, zerbröckelt all,
Blickt der alte Ruppiner Wall,
Die Buchen stehn, die Eichen rauschen,
Die Gräberbüsche Zwiesprach tauschen
Und Haferfelder weit auf und ab –
Da ist meiner Mutter Grab.

Und ein andrer Platz, dem verbunden ich bin:
Berglehnen, die Oder fließt dran hin,
Zieht vorüber in trägem Lauf,
Gelbe Mummeln schwimmen darauf.

Am Ufer Werft und Schilf und Rohr
Und am Abhange schimmern Kreuze hervor,
Auf eines fällt heller Sonnenschein –
Da hat mein Vater seinen Stein.

Der dritte, seines Todes froh,
Liegt auf dem weiten Teltow-Plateau,
Dächer von Ziegel, Dächer von Schiefer,
Dann und wann eine Krüppelkiefer,
Ein stiller Graben die Wasserscheide,
Birken hier und da eine Weide,
Zuletzt eine Pappel am Horizont –
Im Abendstrahle sie sich sonnt.
Auf den Gräbern Blumen und Aschenkrüge
Vorüber in Ferne rasseln die Züge,
Still bleibt das Grab und der Schläfer drin –
Der Wind, der Wind geht drüber hin.

1888 / Gedichte I, S. 42 f.

Die Frage bleibt

Halte dich still, halte dich stumm,
Nur nicht forschen, warum? warum?

Nur nicht bittre Fragen tauschen,
Antwort ist doch nur wie Meeresrauschen.

Wie's dich auch aufzuhorchen treibt,
Das Dunkel, das Rätsel, die Frage bleibt.

1885/88 / Gedichte I, S. 44

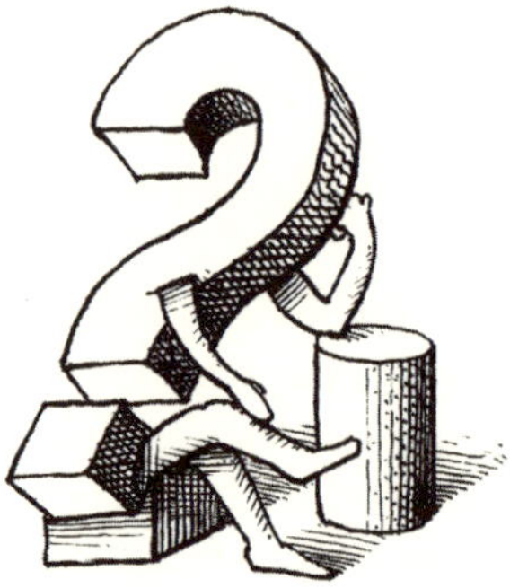

Im Hause des Gehenkten spricht man nicht vom Strick

Ihnen gegenüber kann ich mich in der Ibsen-Frage ganz kurz fassen, seine Wirkung ist groß und berechtigt, er hat neue Typen und neue Aufgaben geschaffen, es fängt wirklich ein neues Leben mit ihm an, und das Alte wirkt abgestanden, langweilig. Aber indem ich dies kolossale Lob ehrlich ausspreche, muß ich doch zugleich hinzusetzen, alles, was da von Lebensanschauungen und Doktrinen mit drunterläuft, ist der reine Unsinn, so daß ein Kerl wie ich bloß drüber lachen kann. Neulich war Rittershaus bei mir, der das Pulver nicht erfunden hat. Aber eines war doch sehr gut. Er sagte: »Sehen Sie, dieser Ibsen, man kann nicht drei Seiten lesen, ohne zu merken, daß er Apotheker war.« Wie mir dabei zumute wurde, können Sie sich denken; im Hause des Gehenkten spricht man nicht vom Strick. Aber trotz dieses Angstgefühls, trotzdem ich mir die Frage vorlegen mußte: »wie steht es denn mit dir, merkt man es auch?«, trotz alledem fand ich es vorzüglich. Überall der kleine, kluge, verrückte Apotheker, der sich, weltabgeschieden, in eine furchtbare Frage einbohrt.

An Friedrich Stephany, Berlin, 30. September 1889

Swinemünde contra Neuruppin

Es gibt doch wirklich eine Art genius loci, und während an manchen Orten die Langeweile ihre graue Fahne schwingt, haben andre unausgesetzt ihren Tanz und ihre Musik. Diese Beobachtung habe ich schon als Junge gemacht; wie spießbürgerlich war mein heimatliches Ruppin, wie poetisch das aus bankrutten Kaufleuten bestehende Swinemünde, wo ich von meinem 7. bis zu meinem 12. Jahre lebte und nichts lernte. Fast möchte ich hinzusetzen Gott sei Dank. Denn das Leben auf Strom und See, der Sturm und die Überschwemmungen, englische Matrosen und russische Dampfschiffe, die den Kaiser Nikolaus brachten – das war besser als die unregelmäßigen Verba, das einzig Unregelmäßige, was es in Ruppin gab. Ja, Swinemünde war herrlich ...

An Georg Friedlaender, Berlin, 22. Oktober 1890

Reiter über den Bodensee

Alles Arbeiten habe ich einstellen müssen, und glücklicherweise habe ich auch nichts zu lesen – damit verdirbt man sich immer bei Schnupfenzuständen. Ich beschäftige mich damit, mein Leben zu überblicken, allerdings in etwas kindischer oder doch mindestens in nicht sehr erhabener Weise; bei den ernsten Dingen verweile ich fast gar nicht, ich sehe sie kaum und lasse Spielereien,

Einbildungen und allerhand Fraglichkeiten an mir vorüberziehn. Das Endresultat ist immer eine Art dankbares Staunen darüber, daß man von so schwachen wirtschaftlichen Fundamenten aus überhaupt hat leben, 4 Kinder hat großziehn, in der Welt umherkutschieren und stellenweis (z. B. in England) eine kleine Rolle spielen können. Alles auf nichts andres hin als auf die Fähigkeit, ein mittleres lyrisches Gedicht und eine etwas bessere Ballade schreiben zu können. Es ist alles leidlich geglückt, und man hat ein mehr als nach einer Seite hin bevorzugtes und namentlich im kleinen künstlerisch abgerundetes Leben geführt, aber, zurückblickend, komme ich mir doch vor wie der »Reiter über den Bodensee« in dem gleichnamigen Schwabschen Gedicht, und ein leises Grauen packt einen noch nachträglich. Personen von solcher Ausrüstung, wie die meine war, kein Vermögen, kein Wissen, keine Stellung, keine starken Nerven, das Leben zu zwingen – solche Menschen sind überhaupt keine richtigen Menschen, und wenn sie mit ihrem Talent und ihrem eingewickelten 50-Pfennigstück ihres Weges ziehn wollen (und das muß man ihnen schließlich gestatten), so sollen sie sich wenigstens nicht verheiraten. Sie ziehen dadurch Unschuldige in ihr eigenes fragwürdiges Dasein hinein, und ich kann alle Deine Verwandten, darunter namentlich meine noch immer von mir geliebte Clara Below, nicht genug bewundern, daß sie mich von Anfang an mit Vertrauen, Herzlichkeit und beinah Liebe behandelt haben. Ich wäre gegen mich selber viel flauer gewesen, denn ein Apotheker, der anstatt von einer Apotheke von der Dichtkunst leben will, ist so ziemlich das Tollste, was es gibt.

An Frau Emilie, Wyk, 23. August 1891

Mein Leben, ein Leben ist es kaum

Mein Leben, ein Leben ist es kaum,
Ich geh durch die Straßen als wie im Traum.
Wie Schatten huschen die Menschen hin,
Ich selber ein Schatten dazwischen bin.
Und im Herzen tiefe Müdigkeit,
Alles mahnt mich, es ist Zeit.

1892 (?) / Gedichte II, S. 489

Eintragung in ein »Torturbüchlein«

Welche Eigenschaft schätzen Sie an dem Manne? – Gehorsam.
Welche an der Frau? – Caprice.
Was ist Ihre hervorstechendste Eigenschaft? – Indifferenz.

Wie verstehen Sie das Glück? – Gar nicht.
Wie das Unglück? – Auch nicht recht.
Wo möchten Sie leben? – In meiner Stube.
Was wünschen Sie sich am sehnlichsten? – Luft, Licht.
Wer ist in Ihren Augen der erste Dichter, Schauspieler, Musiker, Maler? – Wechselt alle fünf Jahre.
Welches historische Ereignis mißfällt Ihnen am meisten? – Die Schlacht bei Bronnzell.
Welche Fehler finden Sie am verzeihlichsten? – Die meinigen.
Lieben Sie das Ideale oder das Reale? – Die Diagonale.
Was ist am schwersten zu erreichen? – Papst oder Großes Los.
Welchen Rat würden Sie der Frau geben, die Sie lieben? – Mich wiederzulieben.
Welches ist Ihre Lieblingsbeschäftigung? – Schlafen.
Welche politische Richtung ist Ihnen am sympathischsten? – Mecklenburg.
Wie denken Sie über die Ehe? – Je nachdem.
Welches Vergnügen ist Ihnen das liebste? – Siehe oben unter Lieblingsbeschäftigung.
Welche Blume, welches Getränk und welche Farbe ziehen Sie vor? – Mir alles ganz gleich.
Wie definieren Sie die Liebe? – Mir zu schwer.
Wie definieren Sie die Frau? – Noch schwerer.

Autobiographische Schriften III/1

Immer eigensinniger ...

»Immer eigensinniger und verstockter
Wirst du ... so frage doch den Dokter,
Solange man lebt, muß man doch leben,
Du hustest, ’s muß doch am Ende was geben,
Einen Brunnen, ein Bad, eine Medizin,
Sulfonal oder Antipyrin,
Massage, Kneipp, Kaltwasserkur,
Versuch doch irgend etwas nur,
Davos oder Nizza, Sylt oder Föhr,
Oder bloß auch Mampes Magenlikör.«

So stürmt es zu Zeiten auf mich ein,
Ich nehm es hin, ich steck es ein,
Ich denke der Szene, die jahrauf, jahrab
Ich halbjährlich mit meinem Schuhmacher hab,
Ich zeig ihm dann ein Stiefelpaar,

Das in Ehren gedient seit manchem Jahr,
Und will ihn, während Zigarren glimmen,
Zu 'nem Riester für die Stiefel bestimmen.
Er aber dreht bloß hin und her
Den Stiefel und lächelt: »Wirklich, es lohnt sich nicht mehr.«

1892/98 / Gedichte II, S. 508

Ausgebildeter Sinn für Tatsächlichkeiten

Ich empfinde genau so wie Sie, kann also sehr gut folgen, aber ich bin sanguinischer und dadurch in meinem Gemüte glücklicher beanlagt, und mit Hilfe dieser glücklichen Beanlagung bin ich verhältnismäßig leicht über unausgesetzte Kränkungen fortgekommen. Ohne Vermögen, ohne Familienanhang, ohne Schulung und Wissen, ohne robuste Gesundheit bin ich ins Leben getreten, mit nichts ausgerüstet als einem poetischen Talent und einer schlecht sitzenden Hose. (Auf dem Knie immer Beutel.) Und nun malen Sie sich aus, wie mir's dabei mit einer gewissen Naturnotwendigkeit ergangen sein muß. Ich könnte hinzusetzen mit einer gewissen preußischen Notwendigkeit, die viel schlimmer ist als die Naturnotwendigkeit. Es gab natürlich auch gute Momente, Momente des Trostes, der Hoffnung und eines sich immer stärker regenden Selbstbewußtseins, aber im ganzen genommen darf ich sagen, daß ich nur Zurücksetzungen, Zweifeln, Achselzucken und Lächeln ausgesetzt gewesen bin. Immer, auch als ich schon etwas war, ja, auf einem ganz bestimmten Gebiete (Ballade) an der Tête marschierte, sah ich mich beargwohnt und andre, oft wahre Jammerlappen, bevorzugt. Daß ich das alles gleichgültig hingenommen hätte, kann ich nicht sagen, ich habe darunter gelitten; aber andrerseits darf ich doch auch hinzusetzen: ich habe nicht *sehr* darunter gelitten. Und das hing, und hängt noch, damit zusammen, daß ich immer einen ganz ausgebildeten Sinn für *Tatsächlichkeiten* gehabt habe. Ich habe das Leben immer genommen, wie ich's fand und mich ihm unterworfen. Das heißt, nach außen hin; in meinem Gemüte nicht. Sie wissen so gut wie ich oder besser als ich, daß es in unsrem gute Lande Preußen (wie übrigens in jedem andren Lande auch) etablierte Mächte gibt, denen man sich unterwirft. Diese Mächte sind verschieden: Geld, Adel, Offizier, Assessor, Professor. Selbst Lyrik (allerdings als eine Art Vaduz oder Liechtenstein) kann als Macht auftreten. Von dem Kuglerschen Hause wurde vor 40 Jahren gesagt: »dort gilt nur, wer einen Band lyrischer Gedichte herausgegeben hat.« Es kommt nun darauf an, daß einen das Leben, in Gemäßheit der von einem vertretenen Spezialität, richtig einrangiert. So kam es, daß ich, trotz meiner jämmerlichen Lebensgesamtstellung, doch jeden Sonntag nachmittag von 4 bis 6 richtig untergebracht war, nämlich im Tunnel. Dort machte man einen kleinen Gott aus mir. Und das hielt mich. Ist man aber aus seiner richtigen Rubrik raus, so ist das Elend da. Banquiersöhne (z. B. der junge Bleichröder) sind in Offiziers- und Professorenkreisen der größten Nichtachtung ausgesetzt, Offiziere werden in Banquierkreisen wie Hungerleider behandelt, Professor Oppert, linguistische Größe ersten Ranges, der aber, wie Ahlwardt, immer vergißt, daß Beinkleider auch Knöpfe haben, würde in Adels- und Offizierkreisen wie Gundling oder Morgenstern behandelt werden, Humboldt, als er zu ausschließlich vom Popokatepetl sprach, mußte erleben, daß Louis Schneider ihm vorgezogen wurde. Jede Gesellschaftsklasse, jeder Hausstand hat ein bestimmtes Idol. Im ganzen aber darf man sagen, es gibt in Preußen nur 6 Idole, und das Hauptidol, der Vitzliputzli des preußischen Cultus, ist der Leutnant, der Reserveoffizier. Da haben Sie den Salat.

An Georg Friedlaender, Berlin, 3. Oktober 1893

Allenfalls mit Lyrik überleben

Das war eine frohe Botschaft [über den Absatz der »Gedichte«-Ausgabe] und auch gleich die Erfüllung dazu [Honorarabrechnung]. Schönsten Dank! Vielleicht – freilich nur *sehr* vielleicht, denn ich fühle doch eine gewisse Wackligkeit – erlebe ich noch eine neue Auflage, was mich sehr erfreuen würde. Roman, Novelle, selbst wenn sie gut sind, werden rasch abgelöst, das einzige, was einem eine 50jährige Unsterblichkeit verspricht, sind die Verse.

An Wilhelm Hertz, Berlin, 12. Dezember 1895

Summa Summarum oder alles in allem

Eine kleine Stellung, ein kleiner Orden
(Fast wär ich auch mal Hofrat geworden),
Ein bißchen Namen, ein bißchen Ehre,
'ne Tochter »geprüft«, ein Sohn im Heere,
Mit 70 'ne Jubiläumsfeier,
Artikel in Brockhaus und in Meyer.
Altpreußischer Durchschnitt. Summa Summarum,
Es drehte sich alles um Lirum Larum,
Um Lirum, Larum Löffelstiel,
Alles in allem, es war nicht viel.

1892/98 / Gedichte II, S. 512

In ehrenwerter Gesellschaft

Der Brief von Apotheker Neufeldt war ein Bettelbrief; der Kollege schrieb an den Kollegen. Ich kam aber doch in eine ganz fidele Stimmung und sagte mir, nachdem ich gelesen, »jetzt beginnt für dich die Epoche der Royalty«; schon neulich hat Mauthner den »alten Fontane« neben dem »alten Fritzen« und dem »alten Wilhelm« aufmarschieren lassen, und nun kommt Kollege Neufeldt und erklärt mich schlankweg als »Dichterkönig«. *Dem* hab ich nicht widerstehen können und mein Gnadengeschenk bewilligt. Noblesse oblige!

An Frau Emilie, Berlin, 12. September 1898

Was ich wollte, was ich wurde

Was ich mal wollte, was ich dann wurde,
Manchmal grenzt es ans Absurde.
Sprachen sprechen, tutti quanti,
Wollt ich à la Mezzofanti,
Reisen zum Chan zu zwei oder solo
Wollt ich mindestens wie Marco Polo,
Dazu dichten im Stile Dantes,
Prosa schreiben wie Cervantes
Und gemäß dem Schillerschen »Blonden«
Mein Aug erheben zu Kunigonden.
In Dichtung, in Liebe, wie die meisten,
Wünscht ich Erhebliches zu leisten.

All das wollt ich. Aber zur Zeit
Ach, wie bin ich davon so weit!
Leben zwingt uns, die Segel zu reffen,
Sechse treffen, sieben äffen.
Sprachen? An »comment [vous]-portez-vous«
Reiht sich schüchtern »how do you do«.
Reisen? Zwischen Treptow und Stralau
Fährt mein Kahn. Den Rest tut Kalau.
Aus den erträumten Orgelakkorden
Ist ein Tipptipp am Spinett geworden.

1898 / Gedichte II, 519

»Beobachten und Schlüsseziehn ist meine Wonne«

Künstlerisches Selbstverständnis eines Journalisten und Kritikers, Lyrikers und Romanciers

Koddriges Bewußtsein

Die Frage liegt Dir nah, was ich denn eigentlich da will [in Schleswig-Holstein in seinem Unabhängigkeitskampf gegen Dänemark]. Leider kann ich sie Dir nicht beantworten, ich weiß es selbst nicht. Könnt ich dem Zuge meines Herzens folgen, so nähme ich ganz einfach den Kuhfuß zur Hand und träte ein in Reih und Glied. Gerade weil alle Welt jetzt schreit: »Die Sache ist verloren!«, und weil sie's vielleicht wirklich ist, geziemte es *deutschen* Männern (wo ist Diogenes mit der Laterne), mit dem guten Recht jenes herrlichen Landes zu stehn oder zu fallen. – Meine Schmähung trifft mich mit: auch ich habe feierlich versprochen, mich bei *Handlungen* nicht zu beteiligen. Denk ich an meine Mutter und Braut, so erscheint mir die bloße Beobachterrolle sogar wie eine Pflicht. *Resultat*: ich werde dies und das hören und sehen, werde das Aufgepickte in ein paar Zeitungsartikeln wieder von mir geben und mit dem koddrigen Bewußtsein heimkommen, für die Schleswig-Holsteiner meine tapfre – Feder gezogen zu haben. Man hat vor den gewöhnlichen Lumpenhunden nur das voraus, daß man wie der wittenberg-studierte Hamlet sich über seine Lumpenschaft vollkommen klar ist.

An Bernhard von Lepel, Hamburg, 28. Juli 1850

Ein Nasenpopler ersten Ranges

Am Abend Mr. Trollope kennen gelernt, einen Cousin der bekannten Schriftstellerin gleichen Namens. Wunderbares Subjekt, für mich höchst interessant, eine echt-englische Lustspielfigur à la Mengler in »Endlich hat er's doch gut gemacht«. Dazu hatte er so viel unbefangen Menschliches, das neben dem Lächerlichen zugleich auch wohltuend wirkte. Die Engländer sitzen immer steif wie Puppen, von einem liebenswürdigen Sichgehenlassen ist in Gesellschaft, noch dazu von Damen, nie die Rede; Mr. Trollope hingegen schien diesen beschränkten Standpunkt hinter sich zu haben: er kratzte sich, wo's ihn juckte, und schrubberte bei der Gelegenheit, mit sichtlichem Vergnügen, Stellen seines Körpers, die nicht zu den anständigen gehören. Auch pöterte er in den Zähnen herum und war ein Nasenpopler ersten Ranges. Mir schlug das Herz vor Freuden, als ich sah, daß England dieser Kunst nicht ganz verschlossen geblieben ist.

Tagebuch, London, 10. Juni 1852

Kein lyrisches Treibhaus

Paul Heyse kümmert sich ebensowenig um politische Dinge wie Roquette und weiß von der Geschichte der letzten 300 Jahre ebenfalls herzlich wenig, aber von Natur geistreich, schnell auffassend und durch umfassende literarische Studien wenigstens mittelbar mit hundert Fragen des Lebens in stete Berührung gebracht, begegnet man bei ihm nie und nimmer jener trostlosen, borniert-eigensinnigen Einseitigkeit, an der unser guter Roquette laboriert. Es ist wahr, daß solche Einseitigkeit für die lyrische Produktion gemeinhin förderlich ist und daß reizende Sachen, wie sie Roquette und namentlich auch unser Storm geschrieben haben, nie zur Welt gekommen wären, wenn sie jeden Tag die »Times« gelesen und sich um nationalökonomische Fragen den Kopf zerbrochen hätten, aber der Rütli [Berliner Künstler- und Intellektuellen-Vereinigung] beabsichtigt keineswegs, ein unter Fenster- und Mauerverschluß gebrachtes lyrisches Treibhaus zu sein, sondern will zum guten Teil innerhalb des wirklichen Lebens stehn, will Kritik üben über die mannigfachsten Erscheinungen, will mit einem Wort eine Gesellschaft von Männern und nicht eine literarische Studentenverbindung sein.

An Wilhelm von Merckel, London, 3. Juni 1858

Das »Theodor-Stormsche«

Ich bin nicht zufrieden hier mit meinem Leben und wünschte tausenderlei anders, *das* aber segne ich und stimmt mich zum herzlichsten Dank gegen mein Geschick, daß ich aus *dem* heraus bin, was ich mit einem Wort das »Theodor-Stormsche« nennen möchte, aus dem Wahn, daß Husum oder Heiligenstadt oder meiner Großmutter alter Uhrkasten die Welt sei. Es steckt Poesie darin, aber noch viel mehr Selbstsucht und Beschränktheit. Die Erkenntnis bezahlt man teuer, aber zuletzt doch nie *zu* teuer.

An Wilhelm von Merckel, London, 20. September 1858

Schwierigkeiten mit wirklicher Kunst

Wenn man so Tag um Tag nur mit Dingen in Berührung kommt, die, gleichviel ob talentvoll oder nicht, immer nur so aus dem Ärmel geschüttelt wurden, so ist das schon allein eine Herzstärkung für mich, *daß Dir's sauer geworden ist.* Die Muse ist eine sehr spröde Dame, und es kostet viel Anstrengung, ihr auf den Leib zu rücken; den Saum ihres Kleides streifen kann jeder.

An Bernhard von Lepel, Berlin, 2. November 1865

Theaterfremdling?

Als ich dann schrieb, daß ich mit seinem Malvolio nicht einverstanden sein könne [Theodor Döring in Shakespeares »Was ihr wollt«], weil er die Rolle mit einem Döringschen Darüberstehen spiele, weil er sich über den Malvolio selber mokiere und ins Publikum hineinspräche: »Ja, dieser Malvolio, ist er nicht ein Narr?«, so käme etwas ganz Falsches hinein, der Ernst der Figur, auf den so viel ankomme, darin eine gewisse Tragik liege, ginge ganz verloren – als ich mich so geäußert hatte, war es vorbei. Seitdem war ich, wie so viele andere, eine Kanaille, und sein Blick, wenn ich ihm begegnete, hätte mich vernichten mögen. Und dabei war ich nach wie vor ein Döring-Schwärmer. Aber man konnte ihm nicht genug tun.

Es wurde dann auch Rats gepflogen, wie man mir am besten beikommen könne. Da sich bei Durchsiebung meines Lebensganges ergab: »bisher unbestraft«, so konnte moralisch nicht gut eingesetzt werden, aber er heckte mit seinem Freunde Glaßbrenner, der damals die »Montagspost« redigierte, doch einen kleinen Vernichtungsplan aus. Und der war nicht übel, wie ich selber zugeben muß. Glaßbrenner bemächtigte sich der Chiffre »Th. F.«, unter der ich meine Theaterberichte schrieb, und in der nächsten Nummer der »Montagszeitung« erschien ein Aufsatz, der sich mit der Referentenbefähigung Th. F.s beschäftigte und worin ich beständig, immer im Fettdruck von Th. F., nicht Theodor Fontane, sondern Theater-Fremdling genannt wurde. Dies war nun wirklich sehr witzig gemacht, und weil mir außer meiner Theaterfremdlingschaft sonst nichts Schlimmes nachgesagt wurde, so war ich in der angenehmen Lage, über den guten Witz mitlachen zu können. Denn, offen gestanden, ich hatte nicht den Ehrgeiz, ein Theater-Habitué zu sein, und betrachtete das Wort, das mich in der Theaterwelt entwerten sollte, eigentlich als ein Lob, eine Ehrenerklärung. Daß es besser ist, man weiß in seinem Berufe was als man weiß nichts oder wenig, das soll auch in bezug auf Theaterkritik nicht bestritten sein, aber wenn ich in die eine Schale die Vorzüge, in die andere die Nachteile des Nichteingeweihtseins lege, so möchte ich, wenn nur eine gewisse literarische Bildung und eine gewisse künstlerische Generalveranlagung da ist, die mit leidlich feinfühligen Fingerspitzen gut von schlecht, echt von unecht unterscheiden kann, auch der Meinung sein, daß das Nichteingeweihtsein mehr Vorzüge wie Nachteile hat. Im einzelnen – weil einem die Vergleichsobjekte fehlen – wird man Schnitzer machen, aber im ganzen wird man freier und unbefangener sein. Es ist jetzt Mode, von der Unbefangenheit des Nichtwissens zu sprechen. Es gibt einen Satz: »Die Geschichte des gesunden Menschenverstandes ist zugleich die Geschichte seiner Niederlagen«, und dementsprechend wird auch spöttisch von der »Unbefangenheit des Nichtwissens« gesprochen. Und zweifellos ist dieser Spott oft am Platz. Im ganzen aber – bei allem höchsten Respekt vor dem Wissen – kommt es doch im Leben mehr auf den angeborenen als auf den anstudierten Beruf an. Erfahrung ist besser als Studium, aber auch Erfahrung steht hinter dem von Anfang an Gegebenen zurück.

»Kritische Jahre – Kritikerjahre« in: Autobiographische Schriften III/1

Rechte des Autors

Noch ein Wort über den Druck des Buches [»Der deutsche Krieg von 1866«]. Ich weiß nicht, inwieweit Sie in die Details, in den täglichen kleinen Krieg zwischen Setzer, Drucker, Korrektor und Schriftsteller eingeweiht werden; mit all diesen Bagatellen kann man Ihnen unmöglich kommen. Also zur Orientierung so viel, daß ich in der letzten Woche zwei-, dreimal um Aushilfe-Stücke [Textveränderungen zum Ausgleich der Seitenhöhe], 5 oder 10 oder 15 Zeilen angegangen worden bin, worauf ich zweimal mit einem »es geht nicht« geantwortet habe. So etwas macht immer einen brüsken Eindruck oder erscheint wichtigtuerisch. Es ist mir deshalb Bedürfnis, Ihnen zu sagen, daß, wenn ich schreibe »es geht nicht«, es auch *wirklich* nicht geht. Innerhalb weniger Monate sind es nun runde drei Jahre, daß ich an dem Buche arbeite, *ausschließlich* arbeite, und es liegt auf der Hand, daß mir – der ich ein Auge für derlei Dinge habe – selber daran gelegen sein muß, nun das Ganze auch im tadellosesten Kleide erscheinen zu sehn. Aber wenn die Partie so steht: kleiner typographischer Mangel oder verpfuschter, konfuse gemachter Text, so wird mir niemand verargen können, wenn ich in diesem Konflikt auf die Seite *meines* Kindes trete. Ich bin mir bewußt, dabei nicht kleinlich und pedantisch zu verfahren, ich weiß, daß es vielfach auf eine Handvoll Noten nicht ankommt und daß es gleichgültig ist, ob ich die Einrichtung eines böhmischen Hostinec in 4 oder 8 oder 12 Zeilen beschreibe, es gibt aber andre Stellen und sie sind in einem so umfangreichen Werke natürlich nicht gering an Zahl, wo es auf ein Wort, ein Komma ankommt und wo 4 oder gar 8 eingeschobene Zeilen, wenn sie auch an und in sich ganz verständig sind, nur die mühevoll eroberte Klarheit und Übersichtlichkeit des ganzen Aufbaus stören.

An Rudolf von Decker, Berlin, 16. März 1869

Begeisterung über Kleists »Marquise von O ...«

Nach meinem Gefühl das Glänzendste und Vollendetste, das er geschrieben hat.

Über den Stoff, als ein Wagnis und Kuriosum, ist, solange diese Erzählung existiert, viel gesprochen worden.

Die Marquise von O ... ist in Gefahr, von siegreichen, in die Zitadelle eindringenden russischen Truppen Gewalttat zu erleiden; in diesem Moment rettet sie ein vornehmer russischer Offizier; sie sinkt in Ohnmacht, er trägt sie in das Zimmer eines Seitenflügels, und hier, hingerissen von der Schönheit der Marquise (junge Witwe), nutzt er die verführerische Situation unritterlich – oder, wie andere denken mögen, etwas *zu* ritterlich aus. Er tut das, wovor er sie eben rettete. Die Marquise erwacht erst aus ihrer Ohnmacht, als der Offizier bereits wieder »in Dienst« ist und an andern Stellen der Zitadelle den letzten Widerstand des Feindes bricht. Alles dies, was hier ziemlich bedenklich und ziemlich lächerlich klingt, ist mit äußerster Geschicklichkeit kurz und knapp und mit einer gewissen frauenärztlichen Objektivität vorgetragen, so daß es einen Menschen, der wiederum seinerseits die Menschen kennt, nicht im geringsten stören kann. Man empfindet – indem man es als unritterlich verwirft –, daß man nichtsdestoweniger desselben Faux pas fähig gewesen wäre. Wohlverstanden, man entdeckt die *Möglichkeit* dazu im eignen Herzen. Damit, da man das eigne Fühlen als Maßstab nimmt, fällt alles Häßliche fort. Es bleibt nur noch die Frage nicht nach der moralischen, sondern nach der *physischen* Möglichkeit. Wer will dies entscheiden? Selbst ein Conclusum von einer halb aus Don Juans und halb aus Frauendoktoren zusammengesetzten Körperschaft würde die Sache nicht endgültig entscheiden können. Ich, nach meinem dummen Verstande, halt es für *sehr gut* möglich. Jedenfalls ist das landesübliche »violer« viel schwieriger.

Notizen nach der Kleist-Lektüre 1872

Lüderlichkeits-Material

Hoppenrade. Dieser Stoff hat mir, seit ich vor sechs, sieben Jahren dies Schloß sah, nicht Ruhe gelassen. Heute zum ersten Male fällt mir aber ein, daß er für mich möglicherweise gar nicht mehr zu brauchen ist. Sein Hauptzauber lag in seiner Unbewohnheit. Ist jetzt ein beliebiger weiß oder schwarz gestempelter Erdenbürger dort eingezogen, so ist sein Charme dahin. Das Interesse könnte sich dann nur *dadurch* wieder beleben, daß über das Leben der Arnstedts und vielleicht auch ihrer Vorbesitzer (Kaphengst?) wirklich historisch-romantisches Lüderlichkeits-Material auszugraben wäre; dies scheint mir aber sehr schwierig. In der Mark war man lüderlich ohne Beihilfe von Steno- und Photographen; nichts wurde festgehalten.

An Schwester Elise, Berlin, 29. Januar 1873

Keine gute Meinung über seine Landsleute

Ein regelrechter Omnibus geht um 4 Uhr nicht, aber ein Extra wird eingeschoben und läßt sich den doppelten Preis bezahlen. Ich fuhr allein, was mir ein Labsal war, denn diese Omnibus-Gesellschaft zählt nicht zu meinen Erbauungen. Langweiliges, großmäuliges Volk mit schlechten Zigarren und noch schlechteren Manieren. Höchst charakteristisch war die erste Begrüßung hier. Der Wagen hielt irrtümlich vor *Rüdigers* Gasthof, und der Hausknecht öffnete. Ich sagte ihm den Zusammenhang. »Na, denn is et ooch keen Malhör.« Damit war ich entlassen. Die ganze Dummdreistigkeit des hier umherwankenden Geschlechts spricht sich darin aus.

An Schwester Elise, Neuruppin, 22. September 1873

Indiskretion

Die Bedenken [gegenüber Goethes »Werther«] treffen immer nur Bagatellen und sind nicht der Rede wert. Nur nach der *Diskretions*seite hin erscheint mir die Arbeit eine schwere Versündigung, die dadurch nicht aufhört, das zu sein, was sie ist, daß dem Verfasser in Jahresfrist hunderttausend Herzen begeistert entgegenschlugen. Ein Genie soll auch in diesen Dingen nicht mit der Alltagselle gemessen werden, ganz abgesehen davon, daß alle Schriftstellerei mehr oder minder von Indiskretionen lebt. Aber *dies* ist zu viel. Der Dichter ist durch Monate hin Freund und Genosse eines liebenswürdigen jungen Paares; er tut endlich das Beste, was er tun kann, und verläßt das Haus, in dem seine leidenschaftliche Liebe zur jungen Herrin nur Pein und Verlegenheit stiften kann. Gut. Monate vergehen. Er korrespondiert; alles scheint beruhigt; – da plötzlich tritt ein Buch in die Welt, das jeder als eine Erzählung der jüngsten Herzenserlebnisse des Dichters deuten muß und das nicht mehr und nicht weniger ausspricht als: 1. ich liebte die junge Frau; 2. sie liebte mich wieder; 3. der Ehemann war ein braver, aber langweiliger Peter, viel zu unbedeutend für solche Frau; *ich* wäre besser am Platze gewesen. (Wer argwöhnisch ist, kann auch noch mehr herauslesen.) So darf man nicht verfahren. Auch das größte Genie hat kein Recht, derartige bittere Verlegenheiten zu schaffen und den Ruf einer liebenswürdigen Frau mehr oder minder zu schädigen. Tut es ein Freund, so ist es doppelt verwerflich. Die Empfindlichkeiten des Kestnerschen Paares waren nur allzu gerechtfertigt.

Notizen nach der Goethe-Lektüre 1876

Ruppige Buchhändler

Westermann schickt Geld [für den Vorabdruck von »Ellernklipp«], hat aber bloß die Zeilen gezählt, wodurch ein Ausfall von 36 Mark entsteht. Es gibt nichts Ruppigeres als reiche Buchhändler. Ich weiß wohl, daß der, der geben soll, alles zu viel, und der, der empfangen soll, alles zu wenig findet, vielleicht bin ich aber doch von solchen Unbilligkeiten und Mesquinerien freier als immer 99 von 100. Ich habe eine natürliche und durch gute Herzensbildung genährte Neigung, immer auch dem *andern* gerecht zu werden und seinen Standpunkt nach Möglichkeit gelten zu lassen. Ich kann mir aber nicht helfen, wer von einer Novelle die Kapitel-Überschriften wegschneidet und ebenso den Titel- und Überschrifts-Raum der ganzen Erzählung *sich* anrechnet, statt ihn dem Schriftsteller zugute kommen zu lassen, kurzum wer kleinlich und dürftig über mehr als 4 Bogen hin die einzelnen Zeilen zusammenzählt und *diese* zusammenrechnet, statt den verbrauchten Gesamtraum in Rechnung zu stellen – wer das tut, mag ein Ehrenmann sein, aber ein Ruppsack ist er. Glücklicherweise gibt es so viele niederträchtige und grundgemeine Schriftsteller, daß für Rache einigermaßen gesorgt ist. O, wie ich all dies Menschenpack verachte! Nur die Despoten haben recht. Am meisten aber haß ich die Biedermänner. Unter der Hand mogeln sie in einem fort. Auch in *diesem* Punkte weiß ich mich mit meinem Freunde Bismarck eins. Schade, daß er so kleinlich und so geizig ist und als Buchhändler wohl auch die Zeilen zählen würde.

Tagebuch, 8. Juni 1881

Abwesenheit des Kleinlichen

Sie haben mir, hochgeehrter Herr Hauptmann, durch die Besprechung meines Kriegsbuches [»Der Krieg gegen Frankreich 1870-71«], die ich eben in der Lindauschen »Gegenwart« finde, eine große Freude gemacht, größer als Sie ahnen können. Denn ich bekenne Ihnen gern, ich habe von diesen Arbeiten, die die zwölf besten Jahre meines Lebens in Anspruch genommen haben, herzlich wenig gehabt. Sie sind mir literarisch kaum angerechnet worden; das große Publikum hat mich im Stiche gelassen. Anerkennung hab ich nur da gefunden, von wo ich Verurteilung oder doch wenigstens Ablehnung gefürchtet hatte, von seiten der Militärs. Es hat mich das in meiner alten Anschauung bestärkt, daß der »Gentleman«, der in seiner Haupteigenschaft: der Abwesenheit des Kleinlichen, noch immer nicht recht bei uns gedeihen will, wenigstens in unsrer Armee zu Hause ist.

An Max Jähns, Berlin, 16. Juni 1877

Küchenlektüre oder Elemente wirklicher Kunst

Noch kannte ich nichts von Brachvogels Romanen, und so mögen Sie sich leicht vorstellen, wie mich die Sache interessierte. Sein Talent zeigt sich auch hier [in dem Roman »Lupold von Wedell«], stofflich ist es gut gewählt, nichts ist langweilig, und er versteht es durchaus, den echten alten Romanfaden zu spinnen: alle Sorten Liebe, höhre und niedre, Mätressenwirtschaft, Intrigen, Edelmut, Frauenwürde, Reise-Abenteuer, Jüdin, Türkin, Geister-Erscheinungen, Haß, Rache, Versöhnung – *alles* ist da, und so läßt sich denn in gewissem Sinne von einem interessanten Romane sprechen. Aber es gehört ein naiver Standpunkt und ein naiver Geschmack dazu; *ich* habe beides, und so kann ich dergleichen lesen oder mir wenigstens vorlesen lassen, meine Frau aber fand es greulich, und von ihrem Standpunkt aus hat sie recht. Sie verlangt von solchem Buche Bildung, Klarheit, Konsequenz und künstlerische Form, vor allem originelle, selbständige Menschen und Gedanken. Von all dem ist wenig oder gar nichts drin; es ist Küchenlektüre. Das handwerksmäßige Können, das technische Geschick, die Arrangier- und Schreibe-Routine, mit der dies alles in Szene gesetzt ist und vor der *ich* einen gewissen (freilich keinen großen) Respekt habe, macht auf Personen, die von der Kunst auch *wirkliche* Kunst verlangen, gar keinen Eindruck.

An Mathilde von Rohr, Wernigerode, 25. August 1881

Ein Tröpfchen von Storms »Bibber«

Im übrigen weiß ich sehr wohl, daß ich kein Meister der Liebesgeschichte bin; keine Kunst kann ersetzen, was einem von Grund aus fehlt. Daß ich aber den Stormschen »Bibber« *nicht* habe [den sich Frau Emilie für den Roman »Graf Petöfy« gewünscht hatte], das ist mein Stolz und meine Freude: Storm ist ein kränkliches Männchen, und ich bin gesund trotz meiner äußren Kränklichkeiten.

An Frau Emilie, Thale, 15. Juni 1883

Beobachten und Schlüsseziehn

Gestern war hier ein großer Tag. Ich wurde gebeten, statt um 2 allein zu essen, um 1½ an der Table d'hôte zu erscheinen, was ich natürlich nicht ablehnte. Ich saß mit an der Familienecke, hatte den alten Sieben (der natürlich viel jünger ist als ich; Wrangel) neben mir, seine Tochter, die junge Frau, vis à vis. Der Rest der Gesellschaft bestand aus Gutsbesitzern aus der Nähe mit ihren Frauen u. Kindern, lauter nette Leute, die Kinder reizend, besonders als sie

Champagner getrunken hatten und Courage kriegten. Nach Tisch setzten wir uns auf die Veranda [...] Die Gesellschaft hatte sich mittlerweile verändert, der alte Sieben, der nach dem Rechten sehen mußte, trat vom Schauplatz ab, dafür aber traten nun die »Honoratioren von Thale« ein, die wohl daran gewöhnt sind, ihren Sonntagnachmittag auf der Siebenschen Veranda zuzubringen. Ich stelle Dir diese Herrschaften vor: Rittmeister a. D. Schulz und Frau, technischer Blechhüttenbetriebsdirektor Clauß, kaufmännischer Blechhüttenbetriebsdirektor Stoelting, Dr. med N.N. und Frau, und Siebens Schwiegersohn und Frau. Das Beobachten und Schlüsse-ziehn ist, wie Du weißt, meine Wonne. Der konnt ich mich nun acht Stunden lang hingeben. Endresultat *sehr* günstig. Ich schimpfe immer über Preußen; aber *so* was leistet doch nur Norddeutschland und allenfalls Skandinavien. In England ist schon viel zu viel Schein, gesellschaftlicher Lug und Trug. Alle vorgenannten Personen waren nicht nur sehr gebildet, sondern auch von guter Haltung und fein und liebenswürdig in ihrem Wesen.

An Frau Emilie, Thale a. H., 11. Juni 1883

Der Lausedichter

Du beklagst Dich über meine Weitscheifigkeit. Ja, was ist darauf zu sagen? Eigentlich nichts, was nicht schon längst gesagt wäre. Alles in allem ein wundervoller Stoff, um *aufs neue* in Weitschweifigkeit zu verfallen. Du weißt, daß ich auf solche Kritiken immer gleich eingehe, und so bestreite ich auch diesmal nichts oder doch nicht viel. Es ist aber doch ein Unterschied, ob ich nervös und dröhnig nach einem gleichgültigen Wort suche oder ob ich weitschweifig bin, d. h. über den linken Hinterfuß eines Flohs eine Abhandlung schreibe. Das Dröhnen ist unter allen Umständen eine Tortur für die Hörer und sans phrase ein Fehler, eine Ungehörigkeit; die Weitschweifigkeit aber, die ich übe, hängt doch durchaus auch mit meinen literarischen Vorzügen zusammen. Ich behandle das Kleine mit derselben Liebe wie das Große, weil ich den Unterschied zwischen klein und groß nicht recht gelten lasse, treff ich aber wirklich mal auf Großes, so bin ich ganz kurz. Das Große spricht für sich selbst; es bedarf keiner künstlerischen Behandlung, um zu wirken. Gegenteils, je weniger Apparat und Inszenierung, um desto besser. Ich kann also unter Einräumung des Tatsächlichen den Fehler, der in dem »Auspulen« stecken soll, nur sehr bedingungsweise zugeben. »Wär' ich nicht Puler, wär' ich nicht der Tell.« Daß diese Pul-Arbeit vielen langweilig ist und immer war, davon hab ich mich in meinem Leben genugsam überzeugen können; ich hab aber nicht finden können, daß all diese Dutzendmenschen, die durch die Nase gähnten, intressanter waren als ich. Dann und wann find ich einen, freilich selten, der Geschmack an mir findet, und da dies in der Regel keine schlechten Nummern sind, so muß ich mich trösten. Herwegh schließt eins seiner Sonette (»An die Dichter«) mit der Wendung:

»Und wenn einmal ein *Löwe* vor euch steht,
Sollt ihr nicht das *Insekt* auf ihm besingen.«

Gut. Ich bin danach Lausedichter, zum Teil sogar aus Passion; aber doch auch wegen Abwesenheit des Löwen.

An Frau Emilie, Norderney, 8. August 1883

Publikum

Das Publikum ist eine einfache Frau,
Bourgeoishaft, eitel und wichtig,
Und folgt man, wenn sie spricht, genau,
So spricht sie nicht mal richtig.

Eine einfache Frau, doch rosig und frisch,
Und ihre Juwelen blitzen,
Und sie lacht und führt einen guten Tisch,
Und es möchte sie jeder besitzen.

1883 / Gedichte I, S. 46

Der alte Feind der schriftstellernden Menschheit

Ignoriert werden ist die Regel, und wird etwas gesagt, so ist es Tadel. Es wäre gleichgültig, wenn das Gesamtresultat nur günstiger wäre; mehr Geld oder mehr Reputation hätte herauskommen müssen, aber beides ist mediocre geblieben. Es wäre zum Verzweifeln, wenn nicht das *eine* Gute: das des »Gutbezahltwerdens« wäre! Sonderbar, das Publikum läßt einen im Stich, aber der alte Feind der schriftstellernden Menschheit, der Buchhändler, tut seine Schuldigkeit. Natürlich ist nicht W. Hertz gemeint; er ist ein ehrlicher und anständiger Mensch, aber vor dem Verhungern würde *er* mich nicht geschützt haben.

An Bernhard von Lepel,
Berlin, 16. Dezember 1884

Auf der Treppe von Sanssouci

Von Marly kommend und der Friedenskirche,
Hin am Bassin (es plätscherte kein Springstrahl)
Stieg ich treppan; die Sterne blinkten, blitzten,
Und auf den Stufen-Aufbau der Terrasse
Warf Baum und Strauchwerk seine dünnen Schatten,
Durchsichtige, wie Schatten nur von Schatten.
Rings tiefe Stille, selbst der Wache Schritt
Blieb lautlos auf dem überreiften Boden,
Und nur von rechts her, von der Stadt herüber,
Erscholl das Glockenspiel.
Nun schwieg auch *das*,
Und als mein Auge, das, auf kurze Weile,
Dem Ohr gefolgt war, wieder vorwärts blickte,
Trat aus dem Buschwerk, und ich schrak zusammen,
Er selbst, im Frackrock, hinter ihm das Windspiel
(Biche, wenn nicht alles täuschte), dazu Krückstock
Und Hut und Stern. Bei Gott, es war der König.

Was tun? Ich dacht an Umkehr; doch sein Auge,
Das *Fritzen*-Auge bannte mich zur Stelle;
So hielt ich denn und machte Front.
»Wie heißt Er?«
Ich stotterte was hin.
»Und sein Metier?«
»Schriftsteller, Majestät. Ich mache Verse!«

Der König lächelte: »Nun hör Er, Herr,
Ich will's Ihm glauben; keiner ist der Tor,
Sich dieses Zeichens ohne Not zu rühmen,
Dergleichen sagt nur, wer es sagen muß [...]«

1885 / »Auf der Treppe von Sanssouci« (gekürzt) / Gedichte I, S. 272 f.

Kindische Peniblität in Drucksachen

Über kurz oder lang soll nun also – wie mir Ihr Herr Sohn zu meiner Freude mitteilte – der Druck der 2. Auflage von »Spreeland« beginnen. Was ich damals zu sagen vergaß, möcht ich, ehe mich der erste Korrektur- oder selbst Revisions-Bogen überrumpelt, heute schon aussprechen dürfen, nämlich die herzliche Bitte, daß ich mit Korrektur resp. Revision gar nichts mehr zu tun habe, so daß die Sache den Charakter gewinnt, als wäre ich schon tot. Ihre Güte wird gewiß für eine gute und gewissenhafte Durchsicht, sei's bei Freund Buchbinder in Ruppin, sei's bei einem andern, sorgen. *Ich* kann nicht mehr; es ist *zu* langweilig für mich und bei meiner vielleicht kindischen Peniblität in Drucksachen *so* zeitraubend, daß das Honorar beinah wieder draufgeht. Dreiviertel meiner ganzen literarischen Tätigkeit ist überhaupt korrigieren und feilen gewesen. Und vielleicht ist dreiviertel noch zu wenig gesagt. Hätte ich die Kunst des »Festhinsetzens« zu üben verstanden, so hätte ich vielleicht auch eine Stube mit Atlas-Tapeten. Die ich übrigens nicht sehr entbehre.

An Wilhelm Hertz, Berlin, 11. Dezember 1885

Ärger mit der Druckerei

Sonnabend erhielt ich den Bürstenabzug der ersten 6 Kapitel [Vorabdruck von »Irrungen, Wirrungen« in der »Vossischen Zeitung«]. Weil ich doch an Sie schreiben wollte, so verzeihen Sie, daß ich die Fahnen beischließe, statt sie direkt an die Setzerei zurückzuschicken. Ich habe eine Passion für alte zerschossene Fahnen, aber daß ich mich *dieser*, in deren Zeichen die Vossin siegt, besonders gefreut hätte, kann ich nicht sagen. Wenn ich das mit den Abzügen vergleiche, die einem von Teubners oder Metzger und Wittig in Leipzig oder aus der Druckerei der Gartenlaube zugehn, so wirken die der Vossin, das Mildeste zu sagen: altmodisch. Eigentlich liegt es viel schlimmer und beleidigt einen geradezu in seiner schriftstellerischen Ehre. Man mutet es einem Schriftsteller nicht mehr zu, *so* mit Steinen gemischte kleine Rosinen auszusuchen. Ich bin eigentlich außer mir. Bis zum Verrücktwerden, bis zum tic douloureux habe ich durch $^5/_4$ Jahre hin immer wieder gelesen, gefeilt, poliert und wieder gelesen, nun endlich, endlich bin ich fertig, ein Stein fällt mir von der Brust. Ich atme auf, ich bin frei. Da kommt die Nachricht: »Es ist doch besser ...« Gut, gut, also noch mal, ich söhne mich mit dem Gedanken aus und freue mich fast nun zum ersten Male freien Auges und freien Geistes über meine Arbeit, über der ich bis dahin nur gedruckst habe, hinfliegen zu können. Und nun kommt *das*! Ein Glück, daß ich mich hier in diesen 10 Tagen erholt habe; hätte ich es in Berlin lesen müssen, so fühle ich deutlich, daß ich krank geworden wäre. Das wäre mir über die Nervenkraft gegangen. Und nun der Ärger dazu! Seien Sie mir nicht böse, daß ich mein Herz so ausschütte, aber es wird so viel Bittres dabei wach, die ganze Wut drüber, wie in zurückliegenden Zeiten die Schriftsteller behandelt wurden und noch froh sein mußten, von einem Ruppsack von Buchhändler (die immer an den unglaublichsten Orten drucken ließen) 10 Taler für eine Novelle zu kriegen oder Schillers Werke statt Zahlung. All das wurde durch diese Fahnen mir wieder heraufgezaubert. Und doch hätte ich es runtergewürgt und geschwiegen, denn ich bin sehr für Frie-

den, wenn ich nicht deutlich fühlte, daß Kraft und Fähigkeit, *unbefangen* (worauf es doch ankommt) an die Korrektur heranzutreten, mir völlig bei solchen Bürstenabzügen verlorengeht. Macht das, was ich wünsche, Doppelarbeit, nun, so macht es Doppelarbeit, es wird den Herrn Setzern und Korrektoren, und ein wahres Glück, daß es so ist, alles bezahlt, und die Generalkasse der Vossin wird an diesem Plus nicht scheitern. Aber während die Setzer und Drucker in ihren Verbänden längst alles durchgesetzt haben, was sie wünschen, möchte man den Schriftsteller immer noch in seinem weißen Sklaventum festhalten.
Ihre Güte wird mir diese Sprache verzeihn.

An Friedrich Stephany, Seebad Rüdersdorf, 18. Juli 1887

Nur nicht loben

Schreibt wer in Deutschland historische Stücke,
So steht er auf der Schiller-Brücke.

Macht er den Helden zugleich zum Damöte,
So heißt es: Egmont, siehe Goethe.

Schildert er Juden, ernst oder witzig,
Ist es Schmock oder Veitel Itzig.

Schildert er einige hübsche Damen,
Heißt es: Dumas ... Ehebruchsdramen.

Jeder Einfall, statt ihn zu loben,
Wird einem andern zugeschoben.

Ein Glück, so hab ich oft gedacht,
Daß Zola keine Balladen gemacht.

1885/88 / Gedichte I, S. 40

Essay über den Alten Fritzen aus dem Stegreif

Wenn ich Tugendphilister dergleichen schreiben konnte [»Irrungen, Wirrungen«], so ist das die ewig alte Geschichte: Rotköppe mit Sommersprossen und einer riesigen Sirupstulle im Mund verschlingen Heldengeschichten, und Leute, die keine Fliege an der Wand töten können, sind literarisch von einer

Beilfertigkeit, um die sie [der Berliner Scharfrichter] Krauts beneiden könnte. So bin ich zum Schilderer der Demimondeschaft geworden, ich hab es durch Intuition, um nicht blasphemisch zu sagen »von oben«. Schließlich ist es aber nicht so wunderbar damit, erstlich hat man doch auch in grauer Vergangenheit in dieser Welt rumgeschnüffelt, und zweitens und hauptsächlichst, alles, was wir wissen, wissen wir überhaupt mehr historisch als aus persönlichem Erlebnis. Der »Bericht« ist beinah alles, alles ist Akten- oder Buch- oder Zeitungswissen, auch in den intimsten Fragen. Ich bilde mir ein, über den Alten Fritzen einen Essay aus dem Stegreif schreiben zu können, und manche [Details ?] sollen wirken, als ob ich bei Kunersdorf oder Torgau oder auf der Terrasse von Sanssouci mit dabei gewesen wäre; ich war aber glücklicherweise nicht mit dabei, sonst wäre ich längst tot, und der Mensch ist nun doch mal dumm genug, leben zu wollen.

An Friedrich Stephany, Seebad Rüdersdorf, 16. Juli 1887

Entschuldigung bei Paula Conrad

Zunächst müssen Sie durchaus vergessen, daß ich am Schlusse meiner Kritik [über Ibsens Schauspiel »Die Frau vom Meere«] geschrieben habe: »Frau v. Hochenburger und Frl. Conrad waren *reizend*«. Es ist nicht ganz falsch. Denn die lebenden Bilder, die man empfing, waren anmutig, gefällig. Dennoch ist »reizend« ein ganz dummes Wort, das Sie in seinem Nichts, in seiner Phrasenhaftigkeit ganz richtig erkannt und sich mit Recht darüber ägriert haben. Aber wie kommt dergleichen? Es ist ein Verlegenheitswort. Weiter nichts. Da setzt man sich hin und hat in drei Stunden eine ellenlange Kritik zu schreiben über eine, wie ich Ihnen nicht erst zu sagen brauche, sehr schwierige Materie. Das Mädchen, eingemummelt, steht schon hinter einem, mit einem Markstück in der Hand, um sich sofort auf eine Droschke erster Klasse stürzen zu können. Alles ist in Hast, Angst, Aufregung, und noch immer sitzt der unglückliche alte Mann an seinem Schreibtisch und fegt über die Seiten hin und ist immer noch nicht fertig. Endlich. Aber da sind ja noch die Schauspieler! Meyer phänomenal, Ludwig dito, Vollmer verfehlt, Conrad reizend – abgemacht, weg. Es ist alles ehrlich gemeint. Auch der ungefähre Ausdruck, aber alles grob, ungehobelt, unvollständig, auch im Lob angreifbar, übertrieben, alles schönen Maßes entbehrend. Das beklage *ich* am meisten. Aber es ist nicht zu ändern, und man kann nicht mehr tun, als es zuzugestehen und, soweit es geht, hinterher auszugleichen. Wer diesen Zustand der Sache bestreiten will, der lügt. Alles bleibt unvollkommen.

An Paula Conrad, Berlin, März 1889

Die Kunst der Menschenbeobachtung

Die Langeweile [in Kissingen] ist kolossal und wäre noch kolossaler, wenn ich nicht das Menschenbeobachten zu einer mir lieben, unterhaltlichen und lehrreichen Kunst ausgebildet hätte. Ja, es steckt was von Genuß drin, von einer ganz feinen Sinnlichkeit, wie sie der künstlerisch beanlagte Mensch immer hat und haben *muß*, solang er als Künstler sieht und empfindet. Die Toiletten, ihre Schönheit und Sonderbarkeit, interessieren mich gleichermaßen und am meisten die Frauengesichter, aus denen man lange schreckliche Romane herauslesen kann, schrecklich durch Schuld und schrecklich durch Sühne. Mitunter sieht auch ein Gesicht nach Buße aus, nach Reue *nie.* Nichts ist seltener als Reue; jeder ist schließlich mit seinem Tun zufrieden und würd es, wenn es ginge, wieder so machen. Diese Beobachtungen retten mich, sonst käme ich um vor Langerweile. Nein, dies ist nicht richtig, die Langeweile stört mich nicht, ist mir fast willkommen – ich würde nur immer tiefer drin versinken.

An Frau Emilie, Kissingen, 2. Juli 1889

Der Briefschwärmer

Sie schreiben von einem »Schreck, den ich gekriegt hätte« [durch die Briefe zum siebzigsten Geburtstag]. Dies ist in gewissem Sinne richtig, bezog sich aber nur auf die Briefberge und auch auf diese nur um der *Unmöglichkeit* der Benutzung willen. Denn in meinem eigensten Herzen bin ich geradezu Briefschwärmer und ziehe sie, weil des Menschen Eigenstes und Echtestes gebend, jedem andern historischen Stoff vor. All meine geschichtliche Schreiberei, auch in den Kriegsbüchern, stützt sich im Besten und Wesentlichen immer auf Briefe.

An Hanns Fechner, Berlin, 3. Mai 1889

Von Haupt- und Nebensachen

Heute abend erst bringt mir mein Sohn Ihre schon vor 4 Tagen erschienene, überaus freundliche Besprechung meiner »Stine«. Ich eile nun, Ihnen zu danken. Es ist gewiß alles so, wie Sie sagen: es ist so hinsichtlich der Mischung von Romantischem und Realistischem, und es ist so hinsichtlich der Parallele zwischen Lene und Stine. Lene ist berlinischer, gesünder, sympathischer und schließlich auch die besser gezeichnete Figur. Auf die Frage »Lene« oder »Stine« hin angesehen, kann Stine nicht bestehen, darüber habe ich mir selber keine Illusionen gemacht, das Beiwerk aber – mir die Hauptsache – hat in »Stine« vielleicht noch mehr Kolorit. Mir sind die Pittelkow und der alte Graf die Hauptpersonen, und ihre Porträtierung war mir wichtiger als die Geschichte. Das soll gewiß nicht sein, und der eigentliche Fabulist muß der Erzählung als solcher gerechter werden, aber das steckt nun mal nicht in mir; in meinen ganzen Schreibereien suche ich mich mit den sogenannten Hauptsachen immer schnell abzufinden, um bei den Nebensachen liebevoll, vielleicht *zu* liebevoll, verweilen zu können. Große Geschichten interessieren mich in der Geschichte; sonst ist mir das Kleinste das Liebste. Daraus entstehen Vorzüge, aber auch erhebliche Mängel, und diese so nachsichtig berührt zu haben, dafür Ihnen nochmals schönsten Dank.

An Theodor Wolff, Berlin, 24. Mai 1890

Zu »Stine«

Will dir unter den Puppen allen
Grade »Stine« nicht recht gefallen,
Wisse, ich finde sie selbst nur soso –
Aber die Witwe Pittelkow!

Graf, Baron und andre Gäste,
Nebenfiguren sind immer das Beste,
Kartoffelkomödie, Puppenspiel,
Und der Seiten nicht allzuviel.

1890 / Gedichte III, S. 284

Die Korrektur – »ein hart Stück Arbeit«

Mit meinem neuen Buche: »Meine Kinderjahre« bin ich kurz vor Weihnachten fertig geworden; gleich nach Neujahr will ich mit der Korrektur beginnen, was noch ein hart Stück Arbeit ist, wahrscheinlich mühevoller als das Niederschreiben. Zugleich regen sich auch allerlei Bedenken; ich weiche ganz von dem Üblichen ab und erzähle nur Kleinkram. Meine Überzeugung, daß das das Richtige sei, ist unerschüttert, aber daneben bleibt doch die Frage, ob ich's im Maß richtig getroffen habe und *wenn* richtig getroffen, ob das Publikum Lust hat, meinen Standpunkt gelten zu lassen. Dies alles wird mir die Korrektur erschweren.

An Georg Friedlaender, 26. Dezember 1892

Gasglühlichtbeleuchtung

Seien Sie schönstens bedankt für all das Freundliche, was Sie für mich und die arme Effi gehabt haben. Sie sind, wie ich zu meiner Freude sehe, auch einverstanden damit, daß ich, in den intrikaten Situationen, der Phantasie des Lesers viel überlasse; dies anders zu machen wäre mir ganz unmöglich, und ich würde totale Dunkelheiten immer noch einer Gasglühlichtbeleuchtung von Dingen vorziehen, die, selbst wenn ihre Darstellung geglückt ist (ein sehr selten vorkommender Fall), immer noch mißglückt wirken.

An Ernst Heilborn, Berlin, 24. November 1895

Finden oder Erfinden?

Das Wort Spielhagens: »Finden, nicht erfinden« enthält eine nicht genug zu beherzigende Wahrheit; in der Erzählkunst bedeutet es beinah alles.

1898 / »Von Zwanzig bis Dreißig«, Abschn. »Der Tunnel über der Spree«, Kap. Heinrich Smidt

Auf scharfes Beobachten wie gedrillt

Mir ist, im Gegensatz zu meinen Damen, die die Dresdener Kulturformen sehr »zurückgeblieben« gefunden haben, das Sächsische sehr sympathisch, und ich bilde mir ein, daß ich dabei recht habe; ich bin, meiner ganzen Anlage nach, unbefangener und vorurteilsfreier, ich sehe auch schärfer, vielleicht von Natur, sicherlich aber von *Metier* wegen. Ich bin auf beständiges scharfes Beobachten wie gedrillt; kleine Vorzüge meiner Schreiberei wurzeln lediglich darin.

An Georg Friedlaender, Berlin, 18. Juli 1898

Gruß an Autographensammler

Jeden Morgen (auch wohl, daß es zweimal sich traf)
Fordert ein Gönner 'nen Autograph.
Ich schreib auch gleich ohne langes Besinnen,
Denn der Gönner meiste sind Gönnerinnen.
So komm ich im Jahr auf mehrere Hundert,
Von jedem einzelnen ward ich bewundert,
Ein'ge von ganz fanatischem Wesen
Haben »Sämtliches« gelesen,
Das gibt, rechn ich zehn Jahr zurück,
Dreitausendsechshundertundfünfzig Stück.
Dreitausendsechshundertundfünfzig Bände
Von jedem Roman? – – Wenn's doch so stände!

1898 / Gedichte II, S. 519 f.

»Mehr als Weisheit aller Weisen / Galt mir reisen, reisen, reisen«

Reisen und »reisebeschreibeln«

Als reisten wir in den Himmel ...

Mein Vater machte während des Interimsjahres [1826/27] öfters Reisen nach Berlin [von Neuruppin aus]. Einmal, es mochte Monat Oktober sein und das Abendrot schimmerte schon zwischen den Bäumen des Stadtwalls, stand ich unten in unsrem Torweg und sah meinem Vater zu, der sich eben die Fahrhandschuhe mit einem gewissen Aplomb anzog, um dann mit einem Ruck auf den Vordersitz seines kleinen Kaleschwagens hinaufzusteigen. Auch meine Mutter war da. »Der Junge könnte eigentlich mitfahren«, sagte mein Vater. Ich horchte, hochauf beglückt in meiner kleinen Seele, die schon damals nach allem, was einen etwas aparten und das nächtlich Schauerliche streifenden Charakter hatte, begierig verlangte. Meine Mutter stimmte meines Vaters Vorschlage sofort zu, was ich mir nur so deuten kann, daß sie von ihrem Lieblingskinde mit den schönen blonden Locken einen guten Eindruck auf den Großvater, zu dem die Reise ging, erwartete. »Gut«, sagte sie, »nimm den Jungen mit; ich will ihm aber erst einen warmen Rock überziehen.« – »Nicht nötig; ich stecke ihn in den Fußsack.« Und wirklich, ich wurde hinaufgereicht und, wie ich da ging und stand, in den Fußsack gesteckt, der vorn auf dem Wagen lag, alles offen, nicht einmal eine Ledertrommel darüber ausgespannt. Kam ein Stein oder gab's einen Stoß, so konnte ich mit Bequemlichkeit herausfliegen. Aber diese Vorstellung störte meine Freude keinen Augenblick. In raschem Trabe ging es über Altruppin auf Kremmen zu, und lange bevor wir dieses, das ungefähr halber Weg war, erreicht hatten, zogen die Sterne herauf und wurden immer heller und blitzender. Entzückt sah ich in die Pracht, und kein Schlaf kam in meine Augen. Ich bin nie wieder so gefahren; mir war, als reisten wir in den Himmel. Gegen acht Uhr früh hielt unser Gefährt vor dem Hause meines Großvaters, der es [...] mit Hilfe dreier, in guten Abständen geheirateter Frauen, erst vom Zeichenlehrer zum Kabinettssekretär und ganz zuletzt, was noch wichtiger, sogar zum gutsituierten Berliner Hausbesitzer gebracht hatte, freilich nur in der Kleinen Hamburger Straße. Seinen Söhnen und Enkeln ist die sich hierin aussprechende Lebekunst verlorengegangen.

»Meine Kinderjahre«, Kap. 2

Der Professor im Bordell

Um 9 Uhr abends war ich in Köln. Die Stadt ist scheußlich, der Dom das Herrlichste, Großartigste, was ich überhaupt je gesehn. [...] Begeb ich mich vom Dome ins Hotel. Es ist so wie hundert andre. Beefsteaks, Kellner, abgerissene Klingel – alles wie bei uns zulande; nur von dem Bett muß ich Dir eine Beschreibung machen. Das Gestell groß, hoch und von einer Solidität der Bauart, als sollten 6 Brautpaare wie König Gunther und Brunhilde ihr Beilager darin halten; dazu ein Deckbett von der Größe eines mäßigen Oreillers [Zierkissen], so daß ich mich gezwungen sah, Schlafrock und Mantel als Hilfstruppen heranzuziehn. Half aber doch nichts, ich fror jämmerlich und laboriere seitdem an Zahnweh, das ich auch hier nicht loswerden dürfte, da mein Schlafzimmer kalt und ein Erscheinen in Filzschuhen, Shawl und andren Zieraten meiner Gesundheitsnecessaires leider unangebracht ist. – Das Interessanteste in meinem Kölner Hotel war das Water-Closet: es ist sehr eng darin, und die Wand vor einem befindet sich so nahe, daß man sie mit der Nasenspitze berühren kann. Diese zudringliche Nähe war von talentvollen jungen Malern, die sonst wohl die Mauern und Wände der Häuser mit gewissen, mehr riesigen als naturgetreuen Abbildungen auszustaffieren pflegen, zu ähnlichen Kunstleistungen benutzt worden, die teils aus Bleistiftzeichnungen, teils aus dauerhaften tiefen Gravierungen bestanden. Mitten unter diesen lautren Schöpfungen der Phantasie und Laune befand sich, wie ein Professor im Bordell, die bekannte Figur des pythagoräischen Lehrsatzes, die mich vorzeiten auf der Quartaner-Bank immer sehr traurig gestimmt, heute aber mein hellstes Lachen zur Folge hatte.

An Frau Emilie, Aachen, 6. April 1852

Illustre Coupé-Besatzung im Zug nach Hamburg

Der Anfang meiner Reise war recht hübsch. Mir gegenüber im Coupé saß Frau Oppenheimer, eine reiche Jüdin aus Hamburg, die mich ganz gut unterhielt und nur in den letzten Stunden etwas unbequem wurde, weil gewisse Muskeln ihres Organismus nicht mehr luftdicht schlossen. In Hamburg verzieh ich ihr diese kleine Schwäche wieder, weil ich nie in meinem Leben so etwas von zärtlichem Empfang gesehn habe. Ihre Kinder waren auf dem Perron, und während der Zug noch lief, schrie sie schon: »Meine süße Mathilde, meine einzige Mathilde, mein zuckersüßes Kind« etc. Die ganze Nachkommenschaft, männlich und weiblich, trabte neben dem Zuge her, und von Zeit zu Zeit klemmten sich 2 Lippen mit Todesverachtung durch den Fensterspalt und erhaschten einen Kuß von der unermüdlich mit ihren Lippen im Anschlag liegenden, vor Freude zitternden Mama. Es war lächerlich, aber doch hübsch. Das Beste ist heutzutage überhaupt lächerlich. – Der Rest der Coupé-Besatzung bestand aus einer dänischen Familie und einem schwedischen, jungen Ehepaar. Was dies letztre angeht, so könnte man von demselben sagen: es leistete in ehelicher Zärtlichkeit dasselbe, was die Oppenheimern in Mutterliebe prästierte [leistete]. Ich muß Dir bekennen, daß mir ein paar Mal bange wurde und der Gedanke in mir aufstieg: wie nun, wenn du der Zeuge einer alleräußersten Szene wirst? Ich blieb in Zweifel, ob ich für diesen Fall die Notfahne heraushalten oder mein Haupt im Schoß der alten Oppenheimern verbergen sollte. – Von der dänischen Familie ist weiter nichts zu sagen, als daß der Alte sehr häßlich und die Alte sehr böse aussah; – die Tochter war blond, verschämt und strikte Filet.

An Frau Emilie, London, 11. September 1855

Paris oder London?

Emilie hat Dir hoffentlich meinen letzten Brief zur Durchsicht geschickt und Du weißt beim Eintreffen dieser Zeilen bereits, daß ich die große Frage »London oder Paris« zugunsten Londons beantworte. Es ist schwer zu sagen »warum«. Diese lange Linie vom Louvre bis zum Arc de l'Etoile ist schön und groß und hat in London nicht ihresgleichen; die Boulevards, das Palais Royal und die neue Rue Rivoli (wo man, ohngefähr so lang wie unsre Linden sind, unter Arkaden geht) sind einzig in ihrer Art; und die Plätze sind teils größer, teils schöner, teils interessanter, als sie London aufzuweisen hat. Aber all das kann meine Total-Ansicht nicht umstoßen. Wer mit einem Dampfer von Hamburg kommt und die Themse erst bis zur London-Brücke, dann bis zur Westminster-Abtei und den neuen Parlamentshäusern hinauffährt, der hat mehr gesehn als ganz Paris ihm bieten kann. Paris ist ein vergrößertes Berlin; London ist eben London und ist mit gar nichts andrem zu vergleichen. Paris ist eine sehr große Stadt, London aber ist eine *Riesen*stadt, d. h. sie macht den Eindruck, als sei sie nicht von schwachen Menschen, sondern von einem ausgestorbenen Geschlecht gebaut, dessen kleinste Leute alle 6 Fuß maßen. Diesen Eindruck hat man ganz besonders, wenn man die Themse hinauffährt, aber dann hat man ihn auch unbedingt.

Begibt man sich in die Straßen, so fällt einem je nach dem Stadtteil, den man passiert, entweder die Schlichtheit und Anspruchslosigkeit oder die Gediegenheit und der immense Reichtum auf. Paris macht im Verhältnis dazu einen dürftigen, gezierten Eindruck, was der Berliner »poplich« nennt. [...]

Nachschrift

Wie mir es immer geht, wenn ich ein Urteil ausgesprochen habe, so auch diesmal – kaum steht es da, so fang ich an die Richtigkeit zu bezweifeln [Fußnote dazu: Nur das eine steht nach wie vor bummsfest, daß London, wieviel ihm im einzelnen abgehen mag, als *Ganzes* unendlich viel großartiger ist.].

Gestern, nachdem ich den vorstehenden Brief an Dich geschrieben hatte, begab ich mich wieder (aus purer Langerweile) auf die Boulevards. Es war Sonntag und das Leben auf den Straßen doppelt rege und lebendig. Die Boulevards mit ihrem Lichtermeer und der dichtgedrängten Menschenmasse gaben ein täuschend ähnliches Bild von unsren »Linden«, wenn Königs Geburtstag ist und Illumination und Feuerwerk. Was wir alle Jahr an Licht und Menschen mal zusammen sehn, das sieht man hier alle Tage; außerdem sind die Boulevards von der Madeleine-Kirche bis zum Bastille-Platz viermal so lang als unsre Linden. Auch London hat, in bezug auf das Café- und Kneipen-Leben nichts entfernt Ähnliches aufzuweisen [...].
Ich schreibe Dir das so ausführlich, weil Dich all so was interessiert; – ich schreib es aber hauptsächlich, um daran die Bemerkung zu knüpfen, wie mir nun allgemach klar wird, daß die Fremden und die Engländer selbst das Pariser Leben dem Londoner so unendlich vorziehn. Gestern war Sonntag; wenn ich einen englischen Sonntag dagegen halte, welche furchtbare Öde und Langeweile! Auf den Boulevards aber lachten und scherzten gestern viele Tausende, vor den blitzenden Cafés saß man im Freien und dampfte die Zigarre und spielte Domino; drinnen klapperten unaufhörlich die Kaffetassen, und oben hörte man die Billardbälle hin und her fahren und das dixhuit à quarante deux des Kellners.
Ich persönlich mache mir nicht viel aus diesem Schwindel, aber es gibt doch ein hübsches Bild, und ich lerne begreifen, daß andre dafür schwärmen können.

An den Vater, Paris, 19. Oktober 1856

Unterwegs und wieder daheim

Ich bin hinauf, hinab gezogen,
Und suchte Glück und sucht es weit,
Es hat mein Suchen mich betrogen,
Und was ich fand, war Einsamkeit.

Ich hörte, wie das Leben lärmte,
Ich sah sein tausendfarbig Licht,
Es war kein Licht, das mich erwärmte,
Und echtes Leben war es nicht.

Und endlich bin ich heimgegangen
Zu alter Stell und alter Lieb,
Und von mir ab fiel das Verlangen,
Das einst mich in die Ferne trieb.

Die Welt, die fremde, lohnt mit Kränkung,
Was sich, umwerbend, ihr gesellt;
Das Haus, die Heimat, die Beschränkung,
Die sind das Glück und sind die Welt.

1857 / Gedichte I, S. 23

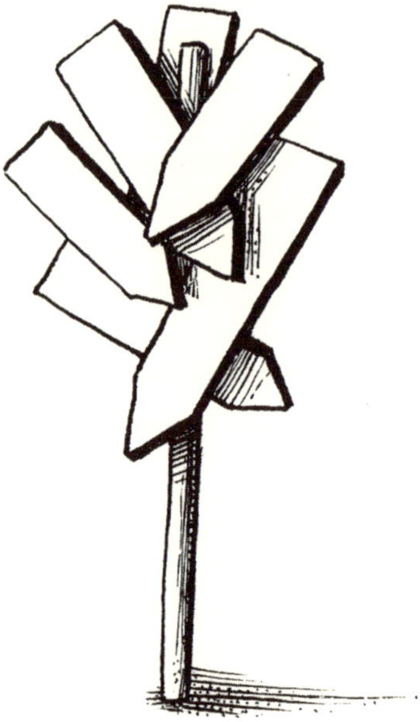

Nachhaltige Eindrücke

Lepel traf Anfang August hier ein; einige Tage später traten wir unsre Reise nach Schottland an. Es waren schöne Tage (16), und wenn ich, so Gott mich leben läßt, längst ein alter Krepel sein werde, der die Vossische liest und bei Odeums Kaffe trinkt, werd ich alten Staatshämorröidarien mit einem letzten Rest von Feuer – während sie ihre Sechser-Zigarre rauchen – von Edinburg erzählen und von Sterling und Perth und von Inverneß und dem Schlosse Macbeths, drin König Duncan ermordet wurde. Wenn dann die alten Jungen das Maul aufsperren und die letzten Haare, die ihnen Gott gelassen hat, sich in die Höhe sträuben, werd ich dieser schottischen Reise, an der Hand eines lieben und *nachsichtigen* Freundes in Wehmut und Dankbarkeit gedenken [...]

An die Mutter, London, 17. September 1858

Schiffsfahrten wie in Schottland

Ich reiste am Freitag abend um 8 hier ab und war um 4 Uhr morgens in Teupitz, schlief 3 Stunden in einem Bett, in dem *wenigstens* schon einer geschlafen hatte, fuhr dann über den schönen See, besuchte Schloß und Kirche, zuletzt einen Berg, von dem aus man die ganze Herrschaft Teupitz mit ihren Bergen und Seen überblickt, fuhr um 2½ wieder ab und war um 7½ schon wieder in Berlin. Trifft sich's so, daß man die Posten benutzen kann, so spart man viel Zeit und Geld. Die Fahrt war sehr angenehm, und da man auch, wenn man für 20 oder 25 Personen ein Dampfschiff (das Köpnicker) mietet, zu *Wasser* nach Teupitz fahren kann, so hat die Merckel den lebhaften Wunsch geäußert, daß wir, bald nach Deiner Rückkehr, eine solche Fahrt machen. Es geht an Stralow, Köpnick, Müggelsbergen, Königs Wusterhausen etc. vorbei, immer fast auf breiten Seen, Berge rechts und links, so daß es wirklich sehr schön sein muß. Kein Mensch ahnt, daß man in der *Mark* solche Fahrten machen kann, die wahrscheinlich mit den Fahrten auf dem Loch Neß und Loch Lochy (der sogenannte Kaledonische Kanal, von Inverneß aus) die größte Ähnlichkeit haben. Die Fahrt wird ohngefähr 6 Stunden dauern, von 6 bis 12; von 12 bis 4 in Teupitz; von 4 bis 10 wieder zurück. Wein, pie und tarts muß man mitnehmen und in Teupitz nur Zander essen, der dort sehr schön ist.

An Frau Emilie, Berlin, 23. Juni 1862

Unverschämte Reisegesellschaft

Die Fahrt nach Stettin war nicht sehr angenehm; ich hatte mich sicherheitshalber in ein Coupé für Nicht-Raucher gesetzt und tauschte dafür einen so penetranten Fischgeruch ein, daß ich schon in Neustadt Kopfweh hatte. Es gibt doch merkwürdig unverschämtes, im frechsten Egoismus drinsteckendes Volk. Als wir nämlich in Stettin endlich ausstiegen und nur ich noch im Wagen war, kam ein kleiner, rotbäckiger pommerscher Junker, der mit uns gefahren war, noch mal zurück und zog unter seinem Sitz einen Korb hervor, der mit Leinwand überspannt war. Hatte sich dieser Esel vermutlich einige Zander aus Berlin mitgenommen und uns das Vergnügen gemacht, 4 Stunden lang im penetrantesten fish-smell sitzen zu müssen. Das nennt sich hierzulande gentleman, und zu *dem* Behuf setzt man sich in ein Coupé für Nichtraucher.

An Frau Emilie, Heringsdorf, 24. August 1863

Empfehlungen für Reisende in der Mark Brandenburg

Wenn du das Wagstück [einer Reise in die Mark] wagen willst – »füll deinen Beutel mit Geld«. Reisen in der Mark ist alles andre eher als billig. Glaube nicht, weil du die Preise kennst, die Sprache sprichst und sicher bist vor Kellnern und Vetturinen, daß du sparen kannst; glaube vor allem nicht, daß du es *deshalb* kannst, »weil ja alles so nahe liegt«. Die Nähe tut es nicht. In vielen bereisten Ländern kann man billig reisen, wenn man anspruchslos ist; in der Mark kannst du es nicht, wenn du nicht das Glück hast, zu den »Dauerläufern« zu gehören. Ist dies nicht der Fall, ist dir der *Wagen* ein unabweisliches Wanderungsbedürfnis, so gib es auf, für ein Billiges deine märkische Tour machen zu wollen. Eisenbahnen, wenn du »ins Land« willst, sind in den wenigsten Fällen nutzbar; also – Fuhrwerk. Fuhrwerk aber ist teuer. Man merkt dir bald an, daß du fort willst oder wohl gar fort mußt, und die märkische Art ist nicht so alles Kaufmännischen bar und bloß, daß sie daraus nicht Vorteil ziehen sollte. Wohlan denn, es kann dir passieren, daß du, um von Fürstenwalde nach Buckow oder von Buckow nach Werneuchen zu kommen, mehr zahlen mußt als für eine Fahrt nach Dresden hin und zurück. Nimmst du Anstoß an solchen Preisen und Ärgernissen – so bleibe zu Haus.

August 1864 / Vorwort zur zweiten Auflage von »Grafschaft Ruppin«

Über Rambouillet-Böcke auf der Fahrt nach Thale

Meine Reise war sehr angenehm. Bis Brandenburg ein Oberförster aus der Gegend von Teupitz; bis Burg ein Ökonom, der wie ein Zwillingsbruder von Adalbert Kummer aussah; bis Magdeburg allein. Wir brauchten ¾ Stunden, eh wir von der ersten Haltstelle, die schon *jenseit* des Bahnhofs liegt, in diesen einfahren konnten. Das ist doch zu lange, selbst wenn man dabei Gelegenheit hat, die eine Domflanke mit Muße zu studieren. Dafür aber nur ganz kurzer Aufenthalt. Schon vor 5 ging es weiter. Gesellschaft: wieder ein Ökonom. Dieser war aber interessant. Er erzählte mir, daß er aus der Braunschweiger Gegend sei, daß er bei dem reichen Herrn Loebbeke serviere, daß Herr Loebbeke (wie unser Behr und Natusius) ein großer Schafzüchter sei und daß er heute früh einen großen Rambouillet-Bock von 40 Louisd'or Wert nach Magdeburg abgeliefert habe. Er sprach von Loebbeke wie von einem Halbgott und von Rambouillet-Böcken wie vom Taubengespann der Venus; alles im Ton poetischer Verklärung. Mir gefiel das sehr gut; viel besser als das wichtigtuerische Überalleswegsein. »Sehen Sie«, sagte er, »es gibt gute und schlechte Menschen. Das kann man erkennen, wenn man beständig Böcke zu transportieren hat. Ich meine natürlich Rambouillet-Böcke. Die *guten* Menschen haben ein Mitleid, und wenn man ihnen ein Trinkgeld gibt, so stellen sie den Bock in einen Pferdewagen; aber die meisten Bahnmenschen sind schlechte Menschen: sie haben eine wahre Wut, einen Bock ins Hunde-Coupé zu bringen, und ich bitte Sie, das hält ein ordentlicher Bock nicht aus.«

An Frau Emilie, Thale, 18. Mai 1868

Touristen-Invasion im Harz

Der heutige Vormittag war durch den Fremdenbesuch sehr interessant. Von 8 bis um 1 kamen fünf Züge, im ganzen vielleicht 1000 Menschen. Wenn die Coupétüren geöffnet wurden und alles in weißen Kleidern auf den Kies sprang (ein Perron ist nicht), so sah es aus, als würde der Sommer ausgegossen.
Die Touristen zu beobachten war außerordentlich amüsant. Ich unterschied verschiedene Gruppen.
Da waren zuerst die ganz jungen Leute, lauter »Kraftmeier«. Sie stiegen aus, würdigten das Hotel, als einer Stätte der Verwöhnung, keines Blicks, rückten sich den Spitzhut, der einen Eichenzweig und bei einigen sogar einen Gemsbart trug, kriegerisch zurecht, zogen den Rock aus und nahmen die Roßtrappe sofort im Sturm.
Eine andre Gruppe bildeten die *Renommisten*, die See-Befahrenen, die Neunmalklugen. Sie kehrten nicht ein, aber sie sahen sich das Hotel wenigstens an oder vielmehr, sie ließen ihren Trupp halten, um jeden einzelnen auf diese Sehenswürdigkeit aufmerksam zu machen. Diese Renommisten hatten nämlich sozusagen Offiziersrang; sie waren Rottenführer und standen immer an der Spitze eines Trupps, den sie kommandierten. Unglücklich der arme Harzer Guide, der sich einem solchen Rottenführer näherte, um ihm und seinem Trupp seine Hilfe anzubieten. Mit souveränem Lachen, wie es nur der aufschlagen kann, der seinen Baedeker in der Tasche führt, ging es an solchen Unglücklichen vorüber, Karte in Hand, auf den Hexentanzplatz los.
Ein dritte Gruppe waren die *Elegants*. Sie standen immer als liebenswürdige Schwerenöter an der Spitze weiblicher Heerscharen. Wie man auf 500 Schritt die große Trommel hört, wenn irgendwo zum Tanze aufgespielt wird, so hörte man auf weiteste Entfernung immer nur die eine Wendung »meine Damen«. Die also Angeredeten hatten alle Ursach, sich der häufigen Wiederkehr dieser Wendung zu freun. Diese Damentrupps mit männlicher Führerschaft kehrten ein und genossen ein Bierchen, Schokolade, auch Bouillon mit Ei. Wenn die Damen zum Aufbruch mahnten, so lächelte der Führer verführerisch, wie wenn er sagen wollte: »meine Damen, was is mich Roßtrappe? Liebe, Liebe is mich nötig.« Brachen sie dann aber wirklich auf, so sah man die hellen Sommertoiletten, blau und rot garniert, die Berge hinaufklimmen, und alle 20 Schritt fuhr die linke Hand kokett nach hinten, um den jetzt modischen großen Popoknoten zu revidieren oder wieder in Ordnung zu bringen.

Eine vierte Gruppe, und mit dieser will ich schließen, waren die *Dicken*. Kurzbeinig, kurzhalsig, apoplektisch, rot und schweißtriefend tänzelten sie über den Kiesweg in das Hotel hinein, setzten gleich mit Sodawasser ein und erzählten von Touren, die sie vorhätten, daß einem trotz der Hitze ganz kalt werden konnte. Jeder hatte vor: »den Harz heute abzumachen«; fast alle hatten eine rote Blume im Knopfloch. Wie viele von ihnen heute bleiben werden (in jedem Sinne) steht dahin.

An Frau Emilie, Thale, 21. Mai 1868

Barfuß durch die Bode

Heute hab ich den Jugendlichen gespielt und allerdings viel Ausbeute davon gehabt. Es glückt nicht immer so. Dabei fällt mir zunächst ein, daß in einem Gespräch, das ich gestern abend führte, die Existenz meiner *Nicht*-Jugendlichkeit mir wieder stark bescheinigt wurde. Als ich zum Apotheker Framm sagte: »mein alter Papa, der erst vorigen Herbst gestorben ist ...«, unterbrach er mich mit dem Ausruf: »Donnerwetter, der muß alt gewesen sein« – was ich natürlich um meines Papas und meiner selbst willen ablehnte. So was schmerzt. Framm und ich, trotz dieses Zwischenfalls, verabredeten für heute vormittag eine große Partie. Gesagt, getan. Um 6¾ brachen wir auf, marschierten bis an den »Waldkater«, stiegen die 1000 Stufen bis zum Hexentanzplatz hinauf und nahmen oben unsren Kaffe. Der Blick von der Klippe dort oben ist allerdings großartig. Dann marschierten wir weiter, auf der Bergeshöhe hin, durch einen Laubholz-Wald, besuchten das schöne Denkmal, das dem Landforstmeister Pfeil (in Neustadt-Eberswalde; Direktor der Forstakademie) mitten im Walde errichtet worden ist, passierten den »weißen Hirsch«, wo drei Teckel mich stellten und einer mich in die Wade biß, und erreichten endlich, nach einigen kleinen Verirrungen, das vielgerühmte Treseburg. Es liegt, ähnlich wie Ilmenau, in einem Kessel; ist aber heller, sonniger und unbedeutender. Wir labten uns an Hammelbraten und Faßbier und traten unsren Rückweg durch das Bodetal an. Soweit war alles gut. Trotz aller Beschreibungen indes verfehlten wir den Steg, der über die Bode auf deren rechtes Ufer führt, und wurden endlich gewahr, daß wir uns auf einem Bergkamm-Weg befanden, der uns zur Roßtrappe geführt haben würde. Dahin wollten wir aber nicht. Ich proponierte also, am Berg-Abhang hinab, unter geschickter Benutzung der Bäume und Sträucher, bis zur Bode hinabzuklettern und dann barfuß, mit aufgekrempelten Hosen, den Fluß zu überschreiten. Framm war einverstanden. Bergab ging's; nun Stiefel aus, die Strümpfe wurden hineingestopft, und links die Stiefel, rechts den Paletot hochgehalten, unter beständigem Balancieren ging es durch. Die Sache war kritischer, als wir uns gedacht hatten; die größeren Steine mit glibbrigem Moos überzogen, die kleinen scharf und spitz, hatte man die Wahl, auszugleiten oder sich weh zu tun; natürlich wählten wir doch lieber das letztre und kamen glücklich durch; auf einem prächtigen Wiesenrasen erholten wir uns, machten uns wieder zurecht und marschierten nun auf der richtigen Seite, am Bodekessel und der Teufelsbrücke vorbei, wieder bis zu unsrem Hotel. Die ganze Partie hatte doch über 7 Stunden gedauert; 5 Stunden waren wir marschiert, zum Teil steil bergan. Ich betrachte es für meine Kräfte und für meine danach eingerichteten Prinzipien als eine glänzende Leistung.

An Frau Emilie, Thale, 22. Mai 1868

Vom Reiseglück

Man kann alle Reisenden in zwei Charakterklassen teilen, in freundliche Sanguiniker, die überall sehen und auch sehen *wollen*, wodurch sich die Fremde vorteilhaft von ihrer Heimat unterscheidet, und in leberkranke Nörgler, die sich zu Hause eine Vortrefflichkeits-Schablone zurecht gemacht haben und über alles verstimmt sind, was davon abweicht. Wir gehören zur erstren Klasse, wofür Gott gedankt sei; aber sie bleibt doch sehr an der Oberfläche hängen und ist hinterher um so verstimmter, wenn sich zeigt, daß auch nicht alles Gold ist, was glänzt. Zudem spielt das Glück auch *hier* mit. Es gibt unter den vielen Glücks oder Glücken auch ein ganz bestimmtes *Reise*glück; manche haben's nie, andre immer.

An Frau Emilie, Berlin, 25. April 1870

Die »Fremde« als das Maß aller Dinge

Was von allem bewußten Sehen gilt, daß erst die aus einer Fülle von Anschauungen erwachsende Möglichkeit des Vergleichs die Gabe und die Lust zum Beobachten weckt, das gilt ganz besonders auch von dem Auge für die Landschaft. Wer immer dasselbe sieht, sieht nichts. Er weiß, das ist ein Hügel, ein Wald, eine Mühle; er kann der Wegweiser einer Gegend sein, aber nicht ihr Maler; die Berglinie, die tausendmal zu ihm gesprochen, er vermag sie weder zu zeichnen noch zu beschreiben, erst die Fremde bringt ihm die Physiognomie seiner Heimat zum Bewußtsein. Das Tote ist ihm plötzlich lebendig, das Zurückliegende gegenwärtig, das rein Äußerliche auch ein Innerliches geworden; er trägt es mit sich umher; er hat es auch da, wo er es nicht hat; seine Seele beschäftigt sich mit ihm, er sieht es, er liebt es. Am Meer und im Gebirge, im Glühen des Gletschers und im Leuchten des Golfs erobert man sich die Fähigkeit, einen im Dämmer ruhenden, von Mummeln überwachsenen Havelsee und die im roten Gewölk dastehende Kiefernheide in ihrem Zauber zu verstehen.
Aber die Fremde tut noch *mehr*. Sie lehrt uns nicht bloß sehen, sie lehrt uns auch *richtig* sehen. Sie gibt uns auch das *Maß* für die Dinge. Und dies ist, künstlerisch genommen, fast noch wichtiger, als daß sie uns die Dinge überhaupt erschließt. Sie leiht uns die Fähigkeit, *groß und klein zu unterscheiden*, und bewahrt uns vor jenem ebenso ridikülen wie anstößigen Lokalpatriotismus, der den Sieg der Müggelsberge über das Finsteraarhorn proklamiert.

1872 / Essay über Willibald Alexis, Abschn. I

Enttäuschender Auftakt

Die Tage verlaufen so, daß selbst *ich* nicht briefschreiben kann; die alte Leidenschaft geht an neuen Genüssen unter, die uns doch (siehe Faust) wieder »nach Begierde« verschmachten lassen. Unser Erlebtes ist in Kürze das folgende. Am 3. von München aus über Innsbruck (Nest) und dem Brenner nach Verona. Das Inntal hinauf, das Etschtal hinunter. Passeier, Sterzing, Iselberg – die ganze Hofer-Speckbacherei zog noch einmal an uns vorüber; im Ganzen viel prosaischer als auf dem Defreggerschen Bilde [»Das letzte Tiroler Aufgebot 1809«]. Frierend fuhren wir in das schöne Land Italia hinein. Es goß mit Mollen. Der erste Eindruck war: »*das* leisten wir auch.«

An Karl und Emilie Zöllner, Venedig, 7. Oktober 1874

Die schwarzhaarige Schöne in Venedig

Nun noch ein Wort über Venedig. Es ist interessant von Schritt zu Schritt, landschaftlich zauberhaft, poetisch durch und durch, aber es repräsentiert doch nicht *die* Form der Schönheit, die ich *dauernd* vor Augen haben möchte. Dazu ist mir, rundheraus gesagt, die ganze Geschichte doch zu schmutzig. Sie bedarf des Mondlichts, bei dem man nur halb sieht, sie bedarf der Verschleierungen, um immer wieder zu entzücken; bei hellem Tageslicht genießt man den Canal Grande, den Rialto und nun gar das Gewirr der Gassen und kleinen Kanäle mit *sehr* gemischten Empfindungen. Es ist eine Touristen-Stadt, eine Stadt zum Sehen, auch zum Bewundern, aber nicht zum Wohnen. Junge Künstler und Dichter werden sich über diese Äußerungen vielleicht entsetzen, aber es ist *doch* so, wie ich sage. Die ganze Welt der Erscheinungen ist nicht dazu da, um Malern und Poeten wünschenswerte und bequem liegende Stoffe zu bieten, sondern um überhaupt zu befriedigen und zu erfreun. Das Leben stellt vielfach andre Forderungen als die Kunst, und Individuen und Staaten gehen zugrunde, die *dies* übersehn. Wem diese Wahrheit zu Fleisch und Blut geworden ist, der wird auf Venedig blicken, wie ich noch in der letzten Stunde auf ein wunderschönes Frauenzimmer blickte, die aus dem 2. Stock eines halbverfallenen Hauses träumerisch-faul mit tief und dumm schmachtendem Auge uns nachsah, als unsre Gondel an den Wassserstiegen des schmalen Kanals vorüberfuhr. Sie war so schön, wie ich selten Weiber gesehn habe, und das halbgekräuselte schwarze Haar lag wie eine Mähne um sie her, mit den Spitzen nach vorn hin über die halb entblößte Brust fallend; ich werde den Anblick nie vergessen. Aber sie war ungewaschen und ungekämmt und nach meinem Gefühl, sowenig sie persönlich innerhalb der idealen Liebe zu stehen schien, doch nur für eine solche geeignet. Ein Wesen, nur mit dem *Auge* zu genießen; mit ihr zu *leben* – ein Gedanke, nicht ausgedacht zu werden! So auch die Stadt selbst. Diese schöne, schwarzhaarige Schwester Struwwelpeters, die seifenintakt auf einen gondelbefahrenen Rinnstein niedersah, war mir wie das Bild Venezias selbst erschienen.

An Karl und Emilie Zöllner, Florenz, 10. Oktober 1874

Auf dem »Bankett-Platz« durch die Via mala

Also um 5 Uhr früh aus Chur. Ich hatte einen Platz im Cabriolet, neben mir zwei dänische Damen. Als Verfasser des »Krieges von 1864« schwieg ich mich patriotisch aus. Gleich der erste Moment, beim Einbiegen in die große Chaussee, war prächtig. Die rhätischen Alpen schlossen dunkel den Horizont, aber hoch über die vorderste Linie hinweg schaute das Schneehaupt des Piz Beverin, das, eben im Morgenlicht erglühend, die sich ihm nähernden Fremden freundlich begrüßen zu wollen schien. Die Fahrt geht rheinaufwärts. Nach etwa drei Stunden hatte man Thusis erreicht, das am Eingangstor der berühmten Via mala gelegen ist. Ich orientierte mich ein wenig, während die Pferde gewechselt wurden. Jetzt trat der Condukteur, ein breitschultriger Graubündner, dessen usprüngliche Schweizer-Barschheit längst in milde stimmenden Spirituosen untergegangen war, an mich heran und machte die Bemerkung, daß ich vom Cabriolet aus nicht viel sehen würde; »der Bankett-Platz, *das* sei das Wahre, um Umschau zu halten; die 'Differenz' könnte ich später an ihn erlegen«. Mein bereitwilligstes Eingehn auf diesen Vorschlag kostete mich, außer einer Anzahl Trinkgelder, 7 Francs 45 Centimes, die natürlich auch nur eine zwischen zwei, drei Verschworenen zu teilende Kriegskontribution waren. Der mir geleistete Dienst war aber viel größer als die Brandschatzung, so daß ich meinem Condukteur auch noch nachträglich aufrichtig dankbar bin. Nur von dem offnen Bankett-Platz aus war es möglich, die Zauber dieser Straße auf sich wirken zu lassen, denn man muß eben imstande sein, jeden Augenblick, rechts oder links, nach oben oder unten blicken zu können. Beständig drängte sich mir die Erinnerung an das Böcklinsche Bild [»Die Drachenschlucht«] auf; alles war da, nur der Ichthyosaurus kuckte *nicht* aus seinem Felsenfenster heraus. Und dennoch fehlte auch *er* nicht; denn der Ichthyosaurus, den der Künstler so genial erfunden hat, ist allerdings der Genius loci dieses Orts, nichts als die Verkörperung des Schreckhaften, des Elementar-Ungeheuerlichen, das, aus Fabelzeiten her, hier seine Stätte hat. Was alles man auch über Böcklin sagen, ja ob man beweisen mag, daß dies und ähnliches gar keine malerischen Aufgaben seien, dennoch ist mir schließlich solch Nicht-Maler lieber als hundert andre, denen niemand ihren Titel bestreitet.

An Frau Emilie, Auf dem Lago maggiore, 9. August 1875

Das Beste ist fahren

Friedel [der jüngste Fontane-Sohn] hat recht: das *Fahren* ist das Beste von der Geschichte. Einige machen die Hotels zur Hauptsache, andre die Bildergalerien, noch andre das Bergeklettern, als ob der Mensch von der Ziege abstammte. Dem allem steht die Friedelsche Schule, der ich mich anschließe, mit höherer Berechtigung gegenüber. Das Beste ist *fahren.* Mit offnen Augen vom Coupé, vom Wagen, vom Boot, vom Fiacre aus die Dinge an sich vorüberziehen lassen, das ist das A & das O des Reisens. Was noch übrig bleibt, ist Sache des Studiums, und auch mit diesem Studium ist es soso. In den seltensten Fällen ist es möglich, in den Kern der Dinge einzudringen, und wer sieben Monate lang in Rom lebte, wird nicht sehr viel mehr heimbringen als der, der es, sieben Tage lang, mit Plan und Buch in der Hand durchfahren hat. Wir lernen mit dem Auge am meisten; es ist beständig tätig; das Ohr nur sehr ausnahmsweise. Dazu kommt, daß wir im *Sehen* immer etwas empfangen, im *Hören* sehr oft nichts.

An Frau Emilie, Auf dem Lago maggiore, 9. August 1875

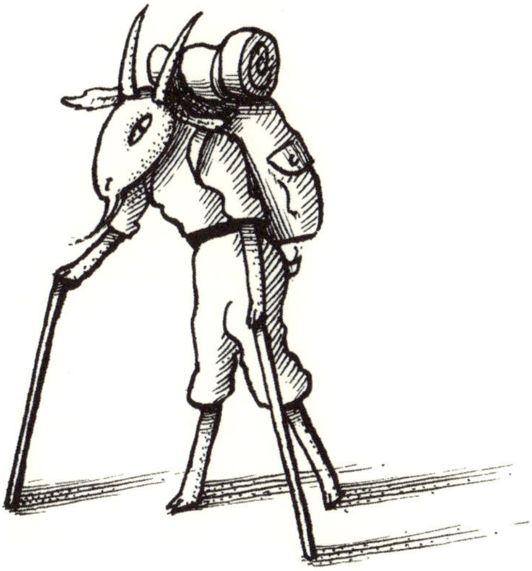

Im Stimmbereich mecklenburgischer Badefrauen

Es freut mich, daß Dir Warnemünde wieder so sehr gefällt; es wäre auch reizend, wenn es nicht so reizlos wäre. So z. B. die Kiefernschonung; sie wirkt wie eigens für die Kiefernraupe angelegt, und doch fehlte selbst *diese*, als ich 1870 im Schatten dieser schattenlosen Anlage spazierenging. Vielleicht ist es jetzt besser; doch sah das Ding aus, als sei es als Krüppel geboren und müsse bleiben, wie es ist. Dann ist noch die »Vogtei«. Aber der Kaffe hatte immer einen Beigeschmack, und der Ozongehalt der Luft wurde durch die Flunder siegreich niedergekämpft. Das Beste: der Schnatermann, ist mir ein süßes Geheimnis geblieben. Übrigens, meine süße Mete, vergiß beim Baden nicht, daß Du eine Erdgeborene bist und trotz unsrer Herkunft aus dem südlichen Frankreich nicht von den Lusignans stammst, aus denen die »schöne Melusine« entsproß. Wolle also nicht zu sehr »mermaid« sein, und halte Dich im Seh- und Stimmbereich mecklenburgischer Badefrauen. Vor denen erbangen selbst die Geister der Tiefe.

An Tochter Martha, Berlin, 26. Juni 1878

Italienische Reise-Erfahrungen

Zu den vielen Wünschen, die ich für Dich habe, gehört mit Rücksicht auf die momentane Lage [Tochter Martha begleitete eine reiche Amerikanerin auf einer Italienreise] vor allem auch *der*, daß Du so froh, so heiter, so zweifelsohne wie möglich in den herrlichen blauen Himmel hinauf und auf das herrliche blaue Meer hinab schauen mögest. Glaube mir nach meinen reichen Reise-Erfahrungen überhaupt, aber speziell auch nach meinen aus zwei Aufenthalten herstammenden *italienischen* Erfahrungen, daß es nur *da*rauf ankommt, nur auf das, was auf der Straße liegt, was man von jedem Hotel- oder Wagen-Fenster aus sehen kann. Mama und ich sind vollkommen einig darüber, daß die weitaus größten Genüsse, die wir in Italien gehabt haben, Fahrten aller Art: auf Eisenbahn, Dampfschiffen, Booten, in Landkutschen und Droschken, und außerdem Spaziergänge waren, Spaziergänge den Corso oder den Toledo (in Neapel; jetzt Via nazionale), die Piazetta oder den Monte Pincio entlang, und daß alle Kunstgenüsse daneben verschwinden. Auch der wütendste Bilder-Tiger kommt außerdem noch sehr bald dahinter, daß er nicht alles, nicht ein Zehntel verschlingen kann und daß man sich mit Brocken begnügen muß. *Die* aber werden keinem versagt, so wenig, daß man eher umgekehrt sagen kann, sie fliegen einem wie Konfetti während der Karnevalszeit an den Kopf. Welche Plätze Ihr auch besuchen mögt, viele oder wenige, große oder kleine, eine reiche Ausbeute ist ganz unausbleiblich, was Du nach überstandener Kampagne mit ebensoviel Dank wie Genugtuung erkennen wirst.

An Tochter Martha, Berlin, 16. März 1884

Plädoyer für Spritzfahrten in die Nähe

Wie gönne ich Dir diese Ausflüge, die nebenher auch noch das Gute haben, einträglich zu sein. Überschlage ich meine eigene Reiserei, so komme ich zu dem Resultat, daß ich von solchen Spritzfahrten in die Nähe viel, viel mehr Anregung, Vergnügen und Gesundheit gehabt habe als von den großen Reisen, die sehr anstrengend, sehr kostspielig und meist demütigend sind. Erhebend, in bezug auf Mannesstolz, gewiß nicht; denn man debütiert überall als Schuster. In Teupitz und Wusterhausen aber, und nun gar in Prignitz und Havelland bin ich immer glücklich gewesen. Man paßt mehr zum »Gasthof zum alten Zieten« in Wildberg als zum Clarendon-Hotel in London. Schmerzlich, aber wahr.

An Sohn Theodor, Berlin, 4. Mai 1894

Reiseerlebnisse als »Studium und Lebensmaterial«

Daß Deine Frau durch das eigentümlich Aufregende, das die Seeluft hat, erst überreizt und dann abgespannt worden ist, beweist mir aufs neue, wie mißlich es mit den Sommerfrischen ist. So recht etwas haben eigentlich nur die davon, die's nicht brauchen. Wer auf den Großglockner raufklettert oder drei Stunden in Sonnenglut auf dem Wasser ist, um Seehunde zu schießen, der kommt sehr vergnügt von einer Sommerfrische zurück, deren Frische für ihn überhaupt nicht nötig war; die aber, die einer Erholung bedürfen, für die sich's wirklich um eine Luftkur handelt, die kriegen furchtbar oft einen Knacks davon weg, weil die ganze Wissenschaft von diesen Dingen noch in den Kinderschuhen steckt. Viele können im Gebirge nicht schlafen, andere an der See; die meisten kriegen an der See Cholerine-Zustände und brauchen im Gebirge Strahlsche Pillen. Dabei das furchtbare Gasthofselend. Um 12 Uhr kommt der letzte Zug: Trampeln, Stiefelschmeißen; um 4 Uhr geht der erste Zug: Klingeln, Wecken, Türenschmeißen. Man hat ein Beefsteak und eine Kulmbacher genossen und am Morgen eine Portion Tee, und für diese Leistung sind mindestens sechs Hände da, die sich nach einem Trinkgeld ausstrecken. Entsetzliche Table d'hôte-Gesellschaft, betrügerische Kutscher, ein Zimmer, drin es nach Schwamm oder, wenn hintenraus, nach Pferdestall riecht! Es ist mir ganz lieb, daß ich mich trotz aller dieser Dinge in der Welt umhergetrieben habe; denn man braucht das alles als Studium und Lebensmaterial. Aber wer mir sagt, daß das schön sei, mit dem breche ich die Unterhaltung ab. Schön ist es für die Engländer, die eine Jacht haben und mit dieser die Mittelmeerküsten anlaufen, die grundsätzlich keine Trinkgelder bezahlen und einen Kammerdiener haben, der alles besorgt. Und letzte Rückzugslinie ist immer die eigene Kabine. Mit einer Art Grauen sehe ich auf fast alle meine Reisen zurück; am besten ist es mir in der Gefangenschaft ergangen.

An Sohn Theodor, Berlin, 12. August 1895

Verschiedene »Schweize«

Wenn man seine Badereise schon im Mai macht, so muß man im Herbst noch mal auf ein paar Wochen aus der großen Stadt heraus. Sonst wird einem der Winter endlos. Eigentlich wollten wir in die Schweiz (Umgegend von Luzern). Wir sind aber für lange Eisenbahnfahrten zu alt, und so haben wir statt der schweizerischen Schweiz die »mecklenburgische Schweiz« gewählt, die sich dadurch auszeichnet, daß sie keine Spur von Schweiz enthält, sondern umgekehrt aus lauter Seen besteht.

An James Morris, Waren, 27. August 1896

Italienische Reminiszenzen

Das Stadt- und Landschaftsbild in sich aufzunehmen, davon hat man was. Auch von Betrachtung großartiger und berühmter Architekturen, selbst *dann* noch, wenn man sie in ihrer Größe und Schönheit nicht versteht. Aber das herkömmliche durch die Galerien Gejagtwerden ist nicht bloß eine Grausamkeit, sondern der reine Unsinn. Es müßte, wenn man Rom oder Paris oder die holländisch-flandrischen Kunststädte besucht, Leute geben, die dem Laien ein Dutzend oder, wenn's hoch kommt, zehn Dutzend Sachen zeigen – damit müßte man entlassen werden. Ich war zweimal sieben Wochen in Italien, 1874 und 1875, und habe, schlecht gerechnet, zehntausend Bilder und Skulpturen gesehn (täglich hundert Stück reicht kaum), wäre nachträglich aber glücklich, wenn ich mich höchstens um den zehnten Teil davon bemüht hätte. Sie waren insoweit noch schlimmer daran, als Sie das Opfer einer Art Verschwörung waren, während ich wenigstens freiwillig hineintappte. Fanatische Kunstweiber, und wenn sie's noch so gut meinen, können einen vollends zur Verzweiflung bringen. Auf dem Palatin stehn, über den Esquilin hinwandern, das Grabmal der Caecilia Metella besuchen, durch die Campagna bis an den Nemisee fahren, *das* sind die großen Momente, *nicht* die Bilder, sie mögen so schön sein, wie sie wollen. Ein paar Ausnahmen sollen zugegeben werden.

An Friedrich Stephany, Berlin, 24. September 1896

Der »Zug nach dem Norden«

Vor etwa Jahresfrist schrieb ich Ihnen, wenn ich nicht irre, von Waren aus, heute von Neubrandenburg. Beide Städte sind mecklenburgisch, jene dem Lande Schwerin, diese dem Lande Strelitz zugehörig, aber beide mit denselben Vorzügen ausgestattet: mit Wald und Seen, mit einer sehr wohlhabenden Bevölkerung, sehr guter Verpflegung und einem patriarchalischen Regiment. Dies Regiment, eine Adelsherrschaft, wird nun zwar im ganzen übrigen Deutschland und speziell in Preußen verspottet, zeigt aber so recht, daß es auf Verfassungen und Freiheitsparagraphen (die *wirkliche* Freiheit hat keine Paragraphen) gar nicht ankommt, sondern auf die Lebensformen, die hier beglückender sind als anderswo. Man freut sich seines Daseins, trinkt Rotwein und liest kleine Blätter. Die Leute sind infolgedessen weniger »gebildet«, aber auch weniger »verbildet«, was sich darin zeigt, daß aus kaum einem andern deutschen Landesteile so viele Talente hervorgehen. In Berlin sind die Menschen infolge des ewigen Lernens und Examiniertwerdens am talentlosesten – eine Beamtendrillmaschine. Anknüpfend an meinen diesjährigen mecklenburgischen Aufenthalt möchte ich noch sagen dürfen, daß der Zug nach dem Norden, der sich dann oft bis nach Skandinavien hin ausdehnt, immer größer wird. Italien ist halb entzaubert (mit Ausnahme der Riviera), weil man die Hitze, die Moskitos, die Malaria und die Bettelei nicht mehr aushalten mag und weil sich der »Bourgeois« – und der wirklich Gebildete erst recht – nachgerade eingesteht, daß er von Kunst *doch* nichts versteht, auch wenn er dreitausend Bilder noch so beharrlich angeglotzt hat. Der Norden ist klimatisch angenehmer, dabei sauberer und appetitlicher und die Bevölkerung weniger Räuberbande.

An James Morris, Neubrandenburg, 13. Juli 1897

Meine Reiselust (früher und jetzt)

»Auf, hinaus in die weite Welt«,
Drauf war mir ehdem der Sinn gestellt,
Mehr als Weisheit aller Weisen
Galt mir reisen, reisen, reisen;
Tsad-See, Kongo, Land der Zwerge,
Kapstadt und die Tafelberge,
Zulus, Nigger mit dickem Flunsche,
Mongolen umfaßt ich mit gleichem Wunsche,
Und Bürgers Lenore mit fliegenden Haaren,
Die so romantisch ums Morgenrot gefahren,
Ob *mit* ihm, ob *ohne* – daß einer so fährt,
Erschien mir allein schon beneidenswert.
(Freiligrath und den »Löwenritt«
Nahm ich so nebenher noch mit.)
Nach Salas y Gomez wurd ich getrieben,
Wo der Mann die drei Schiefertafeln geschrieben.

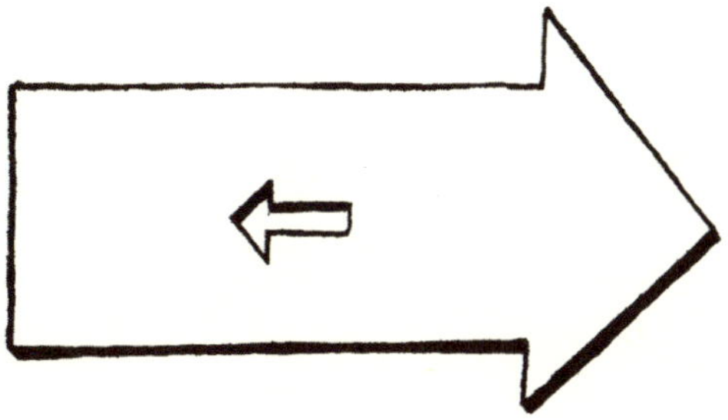

Jetzt zwischen Link- und Eichhornstraße
Meß ich meine bescheidenen Maße,
Höchstens bis Königin Luise

Wag ich mich vor, umschreitend diese,
Bleib dann ein Weilchen noch in dem Bereiche
Des Floraplatzes am Goldfischteiche.
Der Wrangelbrunnen bleibt mir zu Linken,
Rechtsher seh ich Goethe winken.
Zuletzt dann vorbei an der Bismarckpforte
Kehr heim ich zu meinem alten Orte,
Zu meiner alten Dreitreppenklause
Hoch im Johanniterhause. –
Schon seh ich grüßen, schon hör ich rufen –
Aber noch fünfundsiebzig Stufen!

1895 / Gedichte II, S. 499

Bekenntnis

Reisen ist gut, aber reisen à tout prix, ohne Rücksicht auf Leib, Seele und Thermometer, ist Blödsinn.

An Tochter Martha, Berlin, 13. Mai 1898

Vergnügliches Reisen

Schweiz, Italien, Paris muß man gesehen haben, das ist man sich schuldig, und ein »Intendant« [wie Sohn Theodor] erst recht; aber das vergnügliche Reisen, von dem man menschlich was hat, liegt doch woanders. Stille Plätze, wenig Menschen, ein Buch, ein Abendspaziergang über die Wiese, mit andern Worten: die kleine Lehrersommerfrische.

An Sohn Theodor, Karlsbad, 29. August 1898

»Wer den Adel abschaffen wollte, schaffte den letzten Rest von Poesie aus der Welt«

Die Mark, der Adel und der »gemeine Mann«

Der alte Dessauer

Ich will ein Lied euch singen!
Mein Held ist eigner Art:
Ein Zopf vor allen Dingen,
Dreimaster, Knebelbart,
Blitzblank der Rock vom Bürsten
Und jeder Knopf wie Gold –
Ihr merkt, es gilt dem Fürsten,
Dem alten *Leopold*.

All Wissenschaft und Dichtung
Sein Lebtag er vermied,
Und sprach er je von »*Richtung*«,
Meint' er in Reih und Glied;
Statt Opern aller Arten
Hatt er nur einen Marsch,
Und selbst mit Schriftgelahrten
Verfuhr er etwas barsch.

Nicht mocht er Phrasen türmen
Von Fortschritt, glatt und schön,
Er wußte nur zu stürmen
Die Kesselsdorfer Höhn;
Er hielt nicht viel vom Zweifel,
Und wen'ger noch vom Spott,
Er war ein dummer Teufel
Und glaubte noch an Gott.

Ja, ja, er war im Leben
Beschränkt, wie man's so heißt,
Und soll ich Antwort geben,
Warum mein Lied ihn preist?
Nun denn, weil nie mit Worten
Er seine Feinde fraß,
Und weil ihm rechter Orten
So Herz wie Galle saß.

Wir haben viel von Nöten
Trotz allem guten Rat,
Und sollten schier erröten
Vor solchem Mann der Tat;
Verschnittnes Haar im Schopfe
Macht nicht allein den Mann –
Ich halt es mit dem Zopfe,
Wenn solche Männer dran.

1847 / Gedichte I, S. 206 f.

Vorgriff auf die Unsterblichkeit

Einen Plan gemacht. »*Die Marken*, ihre Männer u. ihre Geschichte. Um Vaterlands- u. künftiger Dichtung willen gesammelt u. herausgegeben von Th. Fontane«. – Die Dinge selbst geb ich alphabetisch. Wenn ich noch dazu komme, *das* Buch zu schreiben, so hab ich nicht umsonst gelebt u. kann meine Gebeine ruhig schlafen legen.

Tagebuch, London, 19. August 1856

Adel als Poesie-Reservoir

In Gusow und Friedersdorf fand ich sehr interessante Ausbeute, besonders in letztrem Dorf. Die Friedersdorfer Kirche ist geradezu der Sanspareil unter allen Dorfkirchen, die ich bis jetzt gesehen habe, nicht an Schönheit, aber an historischem Interesse. Es verlohnt sich doch eigentlich nur noch, »von Familie« zu sein. Zehn Generationen von 500 Schultzes und Lehmanns sind noch lange nicht so interessant wie 3 Generationen eines einzigen Marwitz-Zweiges. Wer den Adel abschaffen wollte, schaffte den letzten Rest von Poesie aus der Welt.

An die Mutter, Berlin, 28. Mai 1860

Ziel der »Wanderungen«

Das Buch entstand in unmittelbarer Folge meiner Reisen durch England und Schottland; ich hatte einfach vor, *ohne jegliche Prätension von Forschung, Gelehrsamkeit, historischem Apparat* etc. meinen Landsleuten zu zeigen, daß es in ihrer nächsten Nähe auch nicht übel sei und daß es in Mark Brandenburg auch historische Städte, alte Schlösser, schöne Seen, landschaftliche Eigentümlichkeiten und Schritt für Schritt tüchtige Kerle gäbe. So entstand das Buch *wandernd, plaudernd, reise-novellistisch,* wie ich mich in meinem Briefe an B. H. ausgedrückt habe. Erst als das Buch halb fertig war, fing ich an, unter Beibehaltung leichter, feuilletonischer Form, mich in meine Aufgabe zu vertiefen, und so sind schließlich verschiedne Arbeiten entstanden, *die absolut Neues bringen* und, in ihrem Kern weit über das bloß Unterhaltliche hinausgehend, unsre Spezial-Geschichte in der Tat bereichern.

An Wilhelm Hertz, Berlin, 24. November 1861

Poplichkeit und Barbarei

Das mehrerwähnte kleine Diner oder »Zauberfest«, wie der Chevalier sich ausdrückte, hat heute 3½ Uhr stattgefunden; die Herren blieben bis 9½, müssen also leidlich befriedigt gewesen sein. Es waren: der Chevalier, Lepel und Lucae; Blomberg, den ich auch geladen, ist nicht in town, und Friede Eggers war verhindert. Es ging ziemlich großartig her, doch lag mir daran, der Sache ein klein bißchen Schliff zu geben; mit längrer Elle gemessen, war es freilich immer noch eine wahre Jammergeschichte. St. Julien à 12½ Sgr. ist immer gemein; als Veredlungsmittel für das Ganze hatte ich eine Flasche Tokayer spendiert, der sehr gut war. Mathilde hatte alles gut arrangiert und wurde sehr gelobt. Nach meinem Geschmack aber fehlt es dabei immer noch an Entfaltung einer gewissen *Eleganz,* gerade jener Eleganz, die dem Auge so wohl tut und *nichts kostet.* Nichts ist mir blank genug; die Löffel, die Messer, alles müßte besser aussehn, aber dafür hat nur der ein Auge, der in England war – die Provinz Brandenburg, als ein Ganzes, steckt noch tief in Poplichkeit und Barbarei.

An Frau Emilie, Berlin, 4. Juni 1862

Standesunterschiede

Um 10 nach Tamsel. Ein paar Stunden in der Kirche dort. Gegessen im Gasthaus, Kaffe getrunken beim Rechnungsführer Wallbaum. Ins Schloß. Der Graf äußerst liebenswürdig. Um 3 nochmals zu Tisch. Im dicken Überzieher, mit ungeputzten Stiefeln, neben Gräfin Schwerin und Gräfin Finckenstein Platz genommen; übrigens ungeniert mit Todesverachtung. (Eigentlich ist es ganz gleich, wie man vor solchen Herrschaften erscheint; die Kluft ist doch einmal da, und kein Lackstiefel der Welt ist im Stande, sie auszufüllen; man ist nicht ihres Gleichen, und weil man es nicht ist, ist es gleichgültig, ob man in Büffel oder Casimir vor ihnen erscheint. Beiläufig bemerkt, ich hatte nur meine kleine Ledertasche mitgenommen.)

An Frau Emilie, Berlin, 30. Juni 1862

Geist von Beeren – streitbarer Tückebold

Unter den Personen, gegen die seine Spöttereien sich richteten, war unter andern auch der Reformator unserer Landwirtschaft, der berühmte Thaer. Die Prinzipien, die dieser einzuführen trachtete, hatten nicht die Zustimmung unseres Geist von Beeren, vielmehr machte letztrer seinem Unmut in einer kleinen Broschüre Luft, die den Titel führte: »Die preußische Landwirtschaft ohne *Theer*«. Alles lachte. Der kleine Tückebold hatte sich aber diesmal verrechnet, und es erschien eine Gegenschrift unter dem Titel: »Die preußische Landwirtschaft ohne *Geist.*« Solchem Repartie war er nicht gewachsen, und er gab die Fortsetzung des Kampfes auf.

Sein bester, weil treffendster Streich war vielleicht der folgende. Wir hatten ein Kienraupenjahr, und die Forstheiden der Mark befanden sich in einem allertraurigsten Zustande. Die Potsdamer Regierung sah sich deshalb veranlaßt, eine Verfügung zu treffen, in der sie mitteilte, wie den Raupen am besten beizukommen und weiterer Schaden zu vermeiden sei. Die Verfügung schmeckte freilich etwas nach »grünem Tisch« und war unpraktisch. Geist antwortete wenige Tage später: »Probatum est! Ich bin in den Wald gegangen, habe den Kienraupen das Reskript einer königlichen Regierung vorgelesen, und siehe da, die Raupen haben sich sämtlich *totgelacht.*«

1862 / »Wanderungen« Bd. 4, Kap. »Geist von Beeren«

Ratschlag für Fahrten in der Mark

Das Beste [...], dem du begegnen wirst, das werden die Menschen sein, vorausgesetzt, daß du dich darauf verstehst, das rechte Wort für den »gemeinen Mann« zu finden. Verschmähe nicht den Strohsack neben dem Kutscher, laß dir erzählen von ihm, von seinem Haus und Hof, von seiner Stadt oder seinem Dorf, von seiner Soldaten- oder seiner Wanderzeit, und sein Geplauder wird dich mit dem Zauber des Natürlichen und Lebendigen umspinnen. Du wirst, wenn du heimkehrst, nichts Auswendiggelerntes gehört haben wie auf den großen Touren, wo alles seine Taxe hat; der Mensch selber aber wird sich vor dir erschlossen haben. Und das bleibt doch immer das Beste.

1864 / Vorwort zur zweiten Auflage von »Die Grafschaft Ruppin«

Sieben Schönheiten

Der Reisende in der Mark muß sich [...] mit einer feineren Art von *Natur-* und *Landschaftssinn* ausgerüstet fühlen. Es gibt gröbliche Augen, die gleich einen Gletscher oder Meeressturm verlangen, um befriedigt zu sein. Diese mögen zu Hause bleiben. Es ist mit der märkischen Natur wie mit manchen Frauen. »Auch die häßlichste« – sagt das Sprichwort – »hat immer noch sieben Schönheiten.« Ganz so ist es mit dem »Lande zwischen Oder und Elbe«; wenige Punkte sind so arm, daß sie nicht auch ihre sieben Schönheiten hätten. Man muß sie nur zu finden verstehn. Wer das Auge dafür hat, der wag es und reise.

1864 / Vorwort zur zweiten Auflage von »Die Grafschaft Ruppin«

Zweifel an der Feudalpyramide

Vielleicht hatte Scribe selbst eine Vorstellung davon, daß das Ganze eigentlich ein *Märchenstoff* sei, und gab ihm deshalb den Titel »Feenhände«. Es ist Aschenputtel, es ist die Kehrseite vom Kesselflicker, der sich als Prinz träumt. Märchenhaft aufgefaßt, als Königstochter, die die Schafe weidet und dann in ihres Vaters Schloß zurückkehrt, um dem Prinzen Kolibri ihre Hand zu reichen, könnte dies alles entzückend sein, als *Zeit-* und *Lebensbild* aber ist es, um das mindeste zu sagen, *nicht* hinnehmbar.
Man mißverstehe uns nicht. Wir gehören nicht zu denen, die die Menschheit erst vom Baron an aufwärts zu rechnen beginnen, wir haben mitunter ein leises Vorgefühl davon, als würden wir unsere Tage *nicht* hier, sondern in Gegenden beschließen, wo es keine Herzöge und keine Grafen gibt, und wir glauben dabei des einen sicher zu sein, daß die Feudalpyramide mit zu dem letzten gehören dürfte, was wir da drüben *wirklich* entbehren würden. Ja, ein weiteres Geständnis mag hier eine Stelle finden: Wir haben auch »diesseits des großen Wassers« nichts dagegen, daß eine Gräfin ihre Feenhände dazu verwendet, den Konfektionsgeschäften und Modistinnen der Hauptstadt Konkurrenz zu machen. Eine liebenswürdige Putzmacherin von altem Adel ist unzweifelhaft mehr wert als eine prätentiöse Bettelgräfin – es kommt nur darauf an, ob diese Dinge in einem Einzelfall, als einfache, nichts bedeuten wollende Tatsache an uns herantreten oder ob sie mit einem »Geht hin und tut desgleichen«,

will also sagen, als ein neues Zeitevangelium, prinzipiell und gesinnungstüchtig, von der Bühne her zu uns sprechen. *Hier*, in der alten Welt, wie die Dinge nun mal liegen, ist dies alles einfach Umsturz; natürlich (denn dazu ist dies alles viel zu dünn) keine Pulvermine, die den ganzen Bau großartig über den Haufen wirft, sondern ein einzelner Spatenstich unter den hunderten und tausenden, die jeden Tag gemacht werden, die Fundamente zu untergraben. Und das tat ein Scribe! *Daß er* es tat, das ist es ganz speziell, was unserem Unmut immer neue Nahrung gibt. Die Torheit, die Unkonsequenz, vor allem die Kurzsichtigkeit, *sie* sind es, die uns verdrießen – das gänzliche Vergessen des alten: heute dir und morgen mir.
Die Welt liegt in Wehen; wer will sagen, was geboren wird! Der Sturz des Alten bereitet sich vor. Gut, die Dinge gehen ihren ewigen Gang; tut eure Maulwurfsarbeit, ihr, die ihr *unten* seid. Millionen leben, die an dem Fortbestand dessen, was da ist, kein besonderes Interesse haben *können*, die eine Art Recht haben, wie an der Glücksbude, die Chancen eines Wechsels der Dinge zu befragen. Mögen sie tun, was sie nicht lassen können, und mag es über uns hereinbrechen früher oder später. Aber Wahnsinn ist es und Verbrechen, wenn die »begünstigte Minorität«, der Scribe in einem eminenten Sinne angehört, wenn die, die *nur* verlieren und *nie* gewinnen können, wenn diese, sag ich, aus Eitelkeit, aus Popularitätshascherei und Gewinnsucht von heut auf morgen (denn die Gefahr des Übermorgen beschwören sie selbst herauf) sich selber das Brett unter den Füßen fortziehen. Das zu sehen ist unheimlich, widerwärtig und reizt zum Widerspruch.

Rezension von Eugène Scribes Lustspiel »Feenhände«, 31. Oktober 1871

Undank ist auch des Adels Lohn

Ich glaube auch, daß sie, die Familien, von ihrem Standpunkte aus ganz recht haben, weil ein Schriftsteller, der die Dinge lediglich als einen Stoff für seine Zwecke ansieht, auch bei größter Vorsicht und wirklichem Takt immer noch der Pietät entbehren wird, die im Herzen der Familienmitglieder lebt. Mitunter ist es freilich nicht mehr Pietät, sondern einfach eine Mischung von grenzenloser Dummheit mit ebenso grenzenloser Eitelkeit. So schrieb mir heute meine Schwester Lise aus Ruppin: Alle Anverwandten des Hauses Gentz (Gott sei Dank mit Ausnahme der beiden Söhne) seien *empört* über das, was ich über den alten Christ. Friedr. Gentz geschrieben hätte; nach meiner aufrichtigsten Meinung müßten sie mir ein Denkmal errichten oder eine »Stiftung« für meine Kinder ins Leben rufen. Mitunter schwindelt einem. Ich hab es aber nun so oft erlebt, daß es keinen Eindruck mehr auf mich macht. Neulich kriegte ich einen Klagebrief von einer Frau v. Witzleben, geb. v. Meusebach, aus Potsdam, die sich bitter beschwerte über das, was ich über ihren verstorb. Bruder [Karl von Meusebach] geschrieben habe. Er war schließlich absolut verrückt; ich nenne ihn einen »Mann von Genie und Exzentrizität«; das ist nun der Dank dafür.

An Mathilde von Rohr, Berlin, 26. März 1874

Eiertanz

Ich sitz [...] noch in einem »Schlußwort« [zu »Spreeland«] drin, das zu schreiben nicht leicht ist, weil ich sozusagen die ganze Provinz darin Revue passieren lasse, zum wenigsten ihren Adel und ihre Pastoren. Einen gewissen Mittelkurs zwischen Freisinnigkeit und Verbindlichkeit, zwischen Anerkennung des persönlichen und gesellschaftlichen und Anzweiflung des politischen Menschen in unsrem Landadel innezuhalten war ein Eiertanz, den ich nicht alle Tage tanzen möchte. Täusch ich mich nicht, so ist es mir aber leidlich geglückt, und zwar einfach deshalb, weil diese Mischempfindung wirklich in mir lebendig ist. Die Kerle sind unaustehlich und reizend zugleich.

An Wilhelm Hertz, Berlin, 1. November 1881

Laudatio für die Landpastoren

Der in die Residenz verschlagene Landpastor ist [...] ein sich selbst Entfremdeter, der morgens vor seinem Spiegelbild erschrickt, und erst von dem Augenblick an, wo die Wichtigkeit und die weiße Binde wieder von ihm abfällt und das schwarzsamte Hauskäpselchen in sein Recht tritt, erst von diesem Augenblick an ist er wieder er selbst und kehrt zurück in den Urstand aller ihm eignenden guten Dinge. Der ex cathedra sprechende Pastor und der Lehn- und Sorgenstuhlpastor sind so grundverschieden wie Roi Henri, wenn er in die Schlacht zieht, und Roi Henri, wenn der Dauphin auf ihm reitet. Der eine ganz Schwert und Rüstung, der andre ganz Idyll. Und nur den letztren hab ich kennengelernt. Kennen und lieben, was ein und dasselbe bedeutete. [...] Ein Zug allgemeinen Wohlwollens, entsprossen aus der richtigen Würdigung einer auf Versöhnung und Liebe gestellten Berufs- und Lebensaufgabe, bekundete sich in allem, in Großem und Kleinem, und rief mir die ganze Landpastoren-Schwärmerei meiner jungen Jahre wieder ins Leben zurück. Und aus *ihren* Reihen war es denn auch, daß mir meine recht eigentlichsten Mitarbeiter erwuchsen, *solche*, die sich's nicht bloß angelegen sein ließen, mir den *Stoff*, sondern ebendiesen Stoff auch in der ihm zuständigen Form zu geben. Und dabei welch erstaunliches Wissen im Detail.

November 1881 / Schlußwort zu »Spreeland«

Keine Schwärmerei für Mark und Märker

Das kleine Diner bei Kn[yphausen]s verlief gestern sehr angenehm; sie sind alle – namentlich auch *sie*, die Gräfin – von großer Liebenswürdigkeit, einfach und natürlich und in politischen Dingen ungeheuer »freiweg«. Wie ganz anders sind doch diese Leute als der märkische Durchschnitts-Adel, von dem, im ganzen genommen, leider all das wahr ist, was Stein vor 80 Jahren über ihn gesagt hat. Sie sind eingebildet (man weiß nicht recht worauf), beschränkt und im ganzen genommen ruppig. Selbst von ihren speziellen militärischen Tugenden zu sprechen ist lächerlich [...] Die Arnims sind die einzige Familie, die als *Familie* (ausgezeichnete *Individuen* kommen natürlich auch in den andern vor) eine Ausnahme machen. Die Schulenburgs, Alvenslebens, Knesebecks – die zu den guten gehören – sind schon keine richtigen Märker mehr, sie haben den Stempel der rein deutschen Niedersachsen, die das große Gebiet zwischen Elbe und Weser innehaben. Übrigens steht dies in durchaus keinem Widerspruch zu meinen 4 Bänden »Wanderungen«; ich habe überall liebevoll geschildert, aber nirgends glorifiziert, nicht einmal meinen Liebling Marwitz. Ich habe sagen wollen und habe wirklich gesagt: »Kinder, *so* schlimm, wie *ihr* es macht, ist es nicht«, und dazu war ich berechtigt; aber es ist Torheit, aus diesen Büchern herauslesen zu wollen: ich hätte eine Schwärmerei für Mark und Märker. *So* dumm war ich nicht.

An Frau Emilie, Norderney, 12. August 1882

Herr von Ribbeck auf Ribbeck im Havelland

Herr von Ribbeck auf Ribbeck im Havelland,
Ein Birnbaum in seinem Garten stand,
Und kam die goldene Herbsteszeit
Und die Birnen leuchteten weit und breit,
Da stopfte, wenn's Mittag vom Turme scholl,
Der von Ribbeck sich beide Taschen voll,
Und kam in Pantinen ein Junge daher,
So rief er: »Junge, wiste 'ne Beer?«
Und kam ein Mädel, so rief er: »Lütt Dirn,
Kumm man röwer, ick hebb 'ne Birn.«

So ging es viel Jahre, bis lobesam
Der von Ribbeck auf Ribbeck zu sterben kam.
Er fühlte sein Ende. 's war Herbsteszeit,
Wieder lachten die Birnen weit und breit,
Da sagte von Ribbeck: »Ich scheide nun ab.
Legt mir eine Birne mit ins Grab.«
Und drei Tage drauf, aus dem Doppeldachhaus,
Trugen von Ribbeck sie hinaus,
Alle Bauern und Büdner, mit Feiergesicht,
Sangen »Jesus meine Zuversicht«,
Und die Kinder klagten, das Herze schwer,
»He is dod nu. Wer giwt uns nu 'ne Beer?«

So klagten die Kinder. Das war nicht recht,
Ach, sie kannten den alten Ribbeck schlecht,
Der *neue* freilich, der knausert und spart,
Hält Park und Birnbaum streng verwahrt,
Aber der *alte*, vorahnend schon
Und voll Mißtraun gegen den eigenen Sohn,
Der wußte genau, was damals er tat,
Als um eine Birn ins Grab er bat,
Und im dritten Jahr, aus dem stillen Haus,
Ein Birnbaumsprößling sproßt heraus.

Und die Jahre gehen wohl auf und ab,
Längst wölbt sich ein Birnbaum über dem Grab,
Und in der goldenen Herbsteszeit
Leuchtet's wieder weit und breit.

Und kommt ein Jung übern Kirchhof her,
So flüstert's im Baume: »Wiste 'ne Beer?«
Und kommt ein Mädel, so flüstert's: »Lütt Dirn,
Kumm man röwer, ich gew di 'ne Birn.«

So spendet Segen noch immer die Hand
Des von Ribbeck auf Ribbeck im Havelland.

Mai / Juni 1889 / Gedichte I, S. 249 f.

Argwohn der märkischen Edelleute

Es gibt zwei Bredow-Linien, eine gräfliche: Bredow-*Friesack* mit mehreren gräfl. Abzweigungen, und eine nicht-gräfliche Linie: Bredow-*Bredow* ebenfalls mit verschiednen Unterabteilungen. Ich fürchte, daß ich diesmal nur die erstre bezwingen und genötigt sein werde, der Bredow-Bredow-Linie erst später meinen Besuch zu machen, vielleicht im September. Das Einschlachten auf einmal wäre mir natürlich lieber, denn dies Vorfahren von einer Schloß-Rampe auf die andre hat für einen 70er doch sein Unbequemes. Dabei ist das Schriftsteller-Metier und der Zweck, zu dem man kommt, mehr oder weniger verdächtig. »Was will er eigentlich? Da steckt gewiß was dahinter. Solch Berliner Skriblifax kann sich doch nicht für unsre Schafställe interessieren. Kunst, Bilder-Inschriften? Kunst gibt es hier nicht, und um das Bild von Tante Rosalie mit ihrer weißen Tüllhaube kann er doch unmöglich kommen.« Die märkischen Edelleute sind sehr gute Menschen, aber sie haben den allgemein märkischen Zug des Argwohns, der Nüchternheit und des nicht Begreifenkönnens eines reinlichen, über den äußerlichsten Gewinn und Vorteil hinausgehenden Wollens.

An Tochter Martha, Berlin, 26. Mai 1889

Psychographie der »Märker«

Die Märker haben viele Tugenden, wenn auch nicht voll so viele, wie sie sich einbilden, was durchaus gesagt werden muß, da jeder Märker ziemlich ernsthaft glaubt, daß Gott in ihm und seinesgleichen etwas ganz Besonderes geschaffen habe. So schlimm ist es nun nicht. Die Märker sind gesunden Geistes und unbestechlichen Gefühls, nüchtern, charaktervoll und anstellig, anstellig auch in Kunst, Wissenschaft und Religion, aber sie sind ohne rechte Begeisterungsfähigkeit und vor allem ohne rechte Liebenswürdigkeit. Auch ohne *Stammesgenie;* – die Schwaben und Rheinländer haben entschieden mehr davon. Und was nun die vielzitierten militärischen Tugenden angeht, so mag ich über diese, die ja zweifellos existieren, nicht immer wieder wie über etwas einzig Dastehendes sprechen. Alle Stämme haben gute Soldaten und auch nicht, je nachdem. Man muß viel alte Militärs kennengelernt und ihren vertraulichen Mitteilungen gelauscht haben, um mit der Legende von der grenzenlosen Tapferkeit irgendwelches Komplexes von Menschen ein für allemal fertig zu sein. Wär auch unnatürlich, wenn es anders wäre. Die Märker haben viel Pflichtgefühl und verstehen zu gehorchen und zu befehlen, und das ist besser als der »Mut ohne Ende«. Das Pflichtgefühl der Märker, ihr Lerntrieb, ihr Ordnungssinn, ihre Sparsamkeit – das ist ihr Bestes. Und das sind die Eigenschaften, wodurch sie's zu was gebracht haben. Im übrigen sind sie neidisch, schabernackisch und engherzig und haben in hervorragender Weise den ridikülen Zug, alles, was sie besitzen oder leisten, für etwas ganz Ungeheures anzusehen. Eine natürliche Folge früherer Ärmlichkeit, wo das Kleinste für wertvoll galt. [...] Ja, es sind tüchtige, aber eingeengte Leute. Wenn sie einem eine Tasse Kaffe präsentieren, so rechnen sie *sich's* an, nicht dem, der den Mut hat, diesen Kaffe zu trinken, und gab es gar noch eine geschmierte Semmel dazu, so wird es als ein »Mahl« angesehen, das Anspruch darauf hat, in die Stadt- und Dorfchronik eingezeichnet zu werden.

1889 / »Die Märker und die Berliner und wie sich das Berlinertum entwickelte«

Bredow- oder Fontane-Biographie

Vorläufig bin ich noch ganz in Schwanken und Unsicherheit [Darstellung der Bredow-Familie oder Autobiographie]. Es ist mir aber wahrscheinlich, daß ich, aller äußerlich klugen Berechnung zum Trotz, mich für die Bredow-Kapitel entscheiden werde. Denn abgesehen von der Bedeutung der Familie, neben der ein kleines Einzeldasein wie das meinige verschwindet, möchte ich auch [...] der Welt und der *Geschichtschreibung* zeigen, wie man solchen Stoff überhaupt zu behandeln hat, gründlich und doch nicht langweilig. Das klingt etwas anmaßlich, aber ich glaube, daß ich dies zu sagen berechtigt bin. [Das Bredow-Projekt ist über Vorarbeiten nicht hinaus gediehen.]

An Heinrich Jacobi, Berlin, 23. Januar 1890

Bismarck als Prinzipverächter

Als Blücher nach Anno 15 in Berlin lebte, wollte niemand mehr mit ihm Karte spielen, worüber er unglücklich war und sich bei Fr. W. III beschwerte. »Ja, lieber Blücher, die Herren sagen, Sie mogelten immer«, worauf Blücher pfiffig und verschämt antwortete: »Ja, Majestät, ein bißchen mogeln ist das Beste.« Danach hat auch Bismarck gehandelt; »ein bißchen mogeln« (d. h. ganz gehörig) ist ihm immer als das Schönste erschienen. Und wer diese Tugend hat, der darf sich nicht wundern, wenn er wieder bemogelt wird oder wenn ein Stärkerer ihm sagt: »Du, auf *die* Brücke trete ich nicht; ich kenne meine Pappenheimer, du bist ein Mogelant und willst mich wieder bemogeln; aber ich spiele nicht mehr mit und sage einfach, 'mein königlicher Wille ist Trumpf'.« Bismarck ist der größte Prinzipverächter gewesen, den es je gegeben hat, und ein »Prinzip« hat ihn schließlich gestürzt, besiegt, dasselbe Prinzip, das er zeitlebens auf seine Fahne geschrieben und nach dem er *nie* gehandelt hat. Die Macht des hohenzollernschen Königtums (eine wohlverdiente Macht) war stärker als sein Genie und seine Mogelei. Er hat die größte Ähnlichkeit mit dem *Schillerschen* Wallenstein [in Fußnote: der historische war anders]: Genie, Staatsretter und sentimentaler Hochverräter. Immer ich, ich, ich, und wenn die Geschichte nicht mehr weitergeht, Klage über Undank und norddeutsche Sentimentalitätsträne. Wo ich Bismarck als Werkzeug der göttlichen Vorsehung empfinde, beuge ich mich vor ihm; wo er einfach er selbst ist, Junker und Deichhauptmann und Vorteilsjäger, ist er mir gänzlich unsympathisch.

An Tochter Martha, Berlin, 29. Januar 1894

»Ich werde immer demokratischer ...«

Hat Dir denn Mama von meinem Vorlese-Abend bei den Vollmerschen Damen geschrieben? Die Heldin des Abends – ich selber kam mir sehr wenig als Held vor – war ein kleines Fräulein Zuncke, von der ich nur sagen kann, ihre Erscheinung und gesamte Haltung war eine glänzende Widerlegung ihres prosaischen Namens. Schönes Profil, kluge Augen, alles Nerv und Charakter, merkwürdige Mischung von Berliner Geist und Berliner Keller. Eine Korallenbrosche auf dem schwarzen Kleid und mit einem Lorbeerkranz (den sie dezent in »ihres Kleides Falten« verbarg) bewaffnet, stand sie vor mir, sah mich, aus reiner Nervosität, denn sie zitterte leise, scharf an und trug nun ihre Huldigungsverse vor. Ich fragte nachher: »wer und was ist die junge Dame?« »Sie ist Verkäuferin in einem Knopfladen.« Du weißt, daß bei meinem Hange, gleich zu kombinieren und weitgehende Schlüsse zu ziehn, solche Dinge immer einen großen Eindruck auf mich machen. Ich werde immer demokratischer, lasse höchstens noch einen richtigen Adel gelten, was dazwischen liegt: Spießbürger, Bourgeois, Beamter und vor allem auch der »schlechtweg Gebildete«, kann mich wenig erquicken. Immer tiefer sinkt der Beamte [...]

An Tochter Martha, Berlin, 16. Februar 1894

Bülows und Arnims oder Müllers und Schultzes

Ich habe nichts gegen das Alte, wenn man es innerhalb seiner Zeit läßt und aus dieser heraus beurteilt; der sogenannte altpreußische Beamte, der Perückengelehrte des vorigen Jahrhunderts, Friedrich Wilhelm I., der Kürassieroffizier, der mehrere Stunden Zeit brauchte, eh er sich durch sein eignes Körpergewicht in seine nassen ledernen Hosen hineinzwängte, die Ober-Rechenkammer in Potsdam, der an seine Gottesgnadenschaft glaubende Junker, der Orthodoxe, der mit dem Lutherschen Glaubensbekenntnis steht und fällt – all diese Personen und Institutionen finde ich novellistisch und in einem »Zeitbilde« wundervoll, räume auch ein, daß sie sämtlich ihr Gutes und zum Teil ihr Großes gewirkt haben, aber diese toten Seifensieder immer noch als tonangebende Kräfte bewundern zu sollen, während ihre Hinfälligkeit seit nun grade hundert Jahren, und mit jedem Jahre wachsend, bewiesen worden ist, das ist eine furchtbare Zumutung. Von meinem vielgeliebten Adel falle ich mehr und mehr ganz ab, traurige Figuren, beleidigend unangenehme Selbstsüchtler von einer mir ganz unverständlichen Borniertheit, an Schlechtigkeit nur noch von den schweifwedelnden Pfaffen (die immer an der Spitze sind) übertroffen, von diesen Teufelskandidaten, die uns diese Mischung von Unverstand und brutalem Egoismus als »Ordnungen Gottes« aufreden wollen. Sie müssen alle geschmort werden. Alles antiquiert! Die Bülows und Arnims sind 2 ausgezeichnete Familien, aber wenn sie morgen von der Bildfläche verschwinden, ist es nicht bloß für die Welt (da nun schon ganz gewiß), sondern auch für Preußen und die preußische Armee ganz gleichgültig und die Müllers und Schultzes rücken in die leer gewordenen Stellen ein. Mensch ist Mensch. Goethe würde sich gehütet haben, es zu bestreiten; aber jeder agrarische Schafzüchter prätendiert eine Sonderstellung. Indessen der Krug geht so lange zu Wasser, bis er bricht; in den eignen Reihen dieser Leute wird es zur Revolte kommen, und alle die, die das Herz auf dem rechten Flecke haben, werden sich von den selbstsüchtigen Radaubrüdern scheiden.

An Georg Friedlaender, Berlin, 12. April 1894

Zorn auf die aufgesteifte Adelsmacht

[...] jeder Hochstapler ist novellistisch angesehn ein Gott. Im übrigen ist er ein Greuel. Und zu solchem Greuel entwickeln sich auch die Junker. Je mehr sie überflügelt werden, je mehr sie sich überzeugen müssen, daß die Welt andren Potenzen gehört, desto unerträglicher werden sie in ihren Forderungen; ihre Vaterlandsliebe ist eine schändliche Phrase, sie haben davon weniger als andre, sie kennen nur sich und ihren Vorteil, und je eher mit ihnen aufgeräumt wird, desto besser. Der x beinige Cohn, der sich ein Rittergut kauft, fängt an, mir lieber zu werden als irgendein Lüderitz oder Itzenplitz, weil Cohn die Zeit begreift und alles tut, was die Zeit verlangt, während Lüderitz an der Lokomotive zoppt und »brr« sagt und sich einbildet, sie werde still stehn wie sein Ackergaul. Es heißt, unser Kaiser spiele sich auf Friedrich den Großen hin aus; ist es so, so sollte er lieber um eine Nummer weiter zurückgreifen und sich auf Fr. W. I. hin ausspielen; *diesen* großen König könnten wir jetzt gebrauchen, selbst auf die Gefahr hin, daß ein Stück bürgerlicher Freiheit mit in die Quist ginge – denn Zerbrechen dieser aufgesteiften, falschen Adelsmacht muß nächste Aufgabe eines preußischen Königs sein, seines Nebenherpostens als deutscher Kaiser ganz zu geschweigen.

An Georg Friedlaender, Berlin, 14. Mai 1894

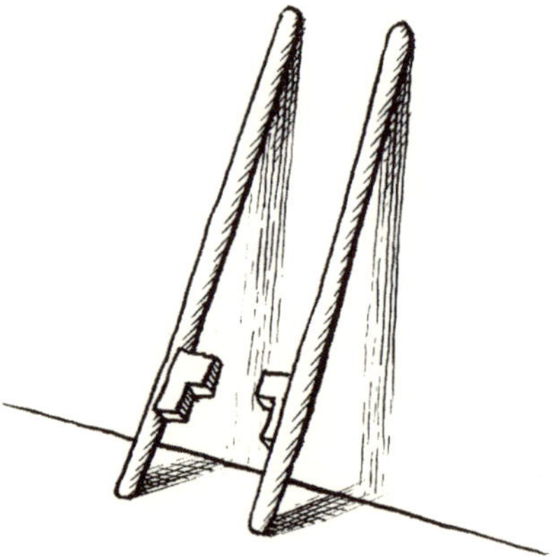

Als ich fünfundsiebzig wurde

Hundert Briefe sind angekommen,
Ich war vor Freude wie benommen,

Nur etwas verwundert über die Namen
Und über die Plätze, woher sie kamen.
Ich dachte, von Eitelkeit eingesungen:
Du bist der Mann der »Wanderungen«,
Du bist der Mann der märk'schen Geschichte,
Du bist der Mann der märk'schen Gedichte,
Du bist der Mann des Alten Fritzen
Und derer, die mit ihm bei Tafel sitzen,
Einige plaudernd, andre stumm,
Erst in Sanssouci, dann in Elysium,
Du bist der Mann der Jagow und Lochow,
Der Stechow und Bredow, der Quitzow und Rochow,
Du kanntest keine größren Meriten
Als die von Schwerin und vom alten Zieten,
Du fandst in der Welt nichts so zu rühmen
Als Oppen und Groeben und Kracht und Thümen,
An der Schlachten und meiner Begeisterung Spitze
Marschierten die Pfuels und Itzenplitze,
Marschierten aus Uckermark, Havelland, Barnim
Die Ribbecks und Kattes, die Bülow und Arnim,
Marschierten die Treskows und Schlieffen und Schlieben,
Und über alle hab ich geschrieben.

Aber die zum Jubeltag da kamen,
Das waren doch sehr, sehr andre Namen,
Auch »sans peur et reproche«, ohne Furcht und Tadel,
Aber fast schon von prähistorischem Adel:
Die auf »berg« und auf »heim« sind gar nicht zu fassen,
Sie stürmen an in ganzen Massen,
Meyers kommen in Bataillonen,
Auch Pollacks und die noch östlicher wohnen;
Abram, Isack, Israel,
Alle Patriarchen sind zur Stell,
Stellen mich freundlich an ihre Spitze,
Was sollen mir da noch die Itzenplitze!
Jedem bin ich was gewesen,
Alle haben sie mich gelesen,
Alle kannten mich lange schon,
Und das ist die Hauptsache ..., »kommen Sie, Cohn.«

Dezember 1894 / Gedichte II, S. 493 f.

Neue Orientierung

Mit besondrem Vergnügen habe ich Keir Hardies Labour Leader durchgesehn. Alles Interesse ruht beim vierten Stand. Der Bourgeois ist furchtbar, und Adel und Klerus sind altbacken, immer wieder dasselbe. Die neue, bessere Welt fängt erst beim vierten Stande an. Man würde das sagen können, auch wenn es sich bloß erst um Bestrebungen, um Anläufe handelte. So liegt es aber nicht; *das*, was die Arbeiter denken, sprechen, schreiben, hat das Denken, Sprechen und Schreiben der altregierenden Klassen tatsächlich überholt, alles ist viel echter, wahrer, lebensvoller. Sie, die Arbeiter, packen alles neu an, haben nicht bloß neue Ziele, sondern auch neue *Wege*. Die Times ist nach wie vor die erste Zeitung in der Welt, aber doch eigentlich nur durch ein gewisses stilles »Übereinkommen« der sogenannten Gebildeten. In Wahrheit ist alles tot und eingefroren, keine neuen Ideen, kein neuer Stil, nicht einmal (ganz äußerlich) ein neues Ztngs.-Arrangement. In dem Leader ist die Schablone durchbrochen.

An James Morris, Berlin, 22. Februar 1896

Ende einer unglücklichen Liebe

Sie wissen, daß ich früher in bezug auf den Adel immer von einer »unglücklichen Liebe« gesprochen habe. Damit ist es vorbei. Diese unglückliche Liebe hat sich in Abneigung oder, wenn das zuviel gesagt ist, in äußerste Mißstimmung und Verdrießlichkeit verkehrt. Die Haltung des Adels, dabei über das Politische fast hinausgreifend, hat den Charakter des Unverschämten angenommen, nicht äußerlich, aber innerlich. Sie verlangen *Dienste*, man ist, immer mehr oder weniger, Pastor, Hauslehrer oder Inspektor; sie sind ganz unfähig, *Individuen* richtig einzuschätzen; eine schaudervolle Mischung von Borniertheit, Dünkel, Selbstsucht erfüllt die ganze Sippe.

An Georg Friedlaender, Berlin, 14. August 1896

Ungewöhnliche Porträtgalerie

Und dann [sagt Dubslav von Stechlin] gibt es Musikstücke, bei denen der Klavierspieler mit seiner langen Mähne über die Tasten hinfegt, und in einer Nebenstube sitzen andere und blättern in einem Album mit lauter Berühmtheiten, obenan natürlich der alte Wilhelm und Kaiser Friedrich und Bismarck und Moltke, und ganz gemütlich dazwischen Mazzini und Garibaldi, und Marx und Lassalle, die aber wenigstens tot sind, und daneben Bebel und

Liebknecht. Und dann sagt Woldemar: »Sehen Sie da den Bebel. Mein politischer Gegner, aber ein Mann von Gesinnung und Intelligenz.«

1898 / »Der Stechlin«, Kap. 41

Mehr Sauerstoff in der Luft

Ich liebe [sagt Pastor Lorenzen], hab auch Ursach dazu, die alten Familien und möchte beinah glauben, jeder liebt sie. Die alten Familien sind immer noch populär, auch heute noch. Aber sie vertun und verschütten diese Sympathien, die doch jeder braucht, jeder Mensch und jeder Stand. Unsre alten Familien kranken durchgängig an der Vorstellung, »daß es ohne sie nicht gehe«, was aber weit gefehlt ist, denn es geht sicher auch ohne sie; – sie sind nicht mehr die Säule, die das Ganze trägt, sie sind das alte Stein- und Moosdach, das wohl noch lastet und drückt, aber gegen Unwetter nicht mehr schützen kann. Wohl möglich, daß aristokratische Tage mal wiederkehren, vorläufig, wohin wir sehen, stehen wir im Zeichen einer demokratischen Weltanschauung. Eine neue Zeit bricht an. Ich glaube, eine bessere und eine glücklichere. Aber wenn auch nicht eine glücklichere, so doch mindestens eine Zeit mit mehr Sauerstoff in der Luft, eine Zeit, in der wir besser atmen können. Und je freier man atmet, je mehr lebt man.

1898 / »Der Stechlin«, Kap. 29

»Was hat Preussen der Welt geleistet? Was find ich, wenn ich nachrechne?«

Skepsis und Verdruß eines »in der Wolle gefärbten Preußen«

Berliner Republikaner

Der Apfel fällt nicht weit vom Stamme.

Berliner Jungen scharten sich
Vor ein'ger Zeit allabendlich
Nicht weit vom Kupfergraben,
Und schrieen gottserbärmiglich:
»Wir brauchen keenen Kenig nich,
Wir wollen keenen haben!«

Da endlich packt ein Fußgensdarm
Nicht eben allzu zart am Arm
Den allergrößten Jungen,
Und spricht: »He, Bursch, juckt dir das Fell?
Du Tausendsapperments-Rebell,
Was hast du da gesungen?«
Doch der Berliner comme-il-faut
Erwidert: »Hab Er sich nicht so,
Und laß er sich begraben.
Wozu denn gleich so ängstiglich?
Wir brauchen keenen Kenig nich,
Weil – wir schon eenen haben.«

Dezember 1841 / Gedichte II, S. 54

Preußisches Volkslied

(Bei Tafel zu singen)

Ja, man ist uns vieles schuldig,
Ja, wir könnten freier sein,
Doch geduldig, nur geduldig,
Auch die Freiheit stellt sich ein.
Und solange tapfer essen
Dürfen wir und schlürfen Wein,
Ei, da kann man schon vergessen,
Daß wir sollten freier sein.

Ja, man hat uns viel versprochen,
Hat uns stark den Hof gemacht,
Hat die Schwüre dann gebrochen
Und uns weidlich ausgelacht.
Doch, ihr Brüder, tapfer essen
Dürfen wir und schlürfen Wein,
Drum gegessen und vergessen,
Daß wir sollten freier sein.

Wo man geht und steht: »Bezahle!«
Heißt es wie nicht recht gescheit;
Wahrlich unsre Generale
Plündern uns in Friedenszeit.
Doch, ihr Brüder, tapfer essen
Dürfen wir und schlürfen Wein,

Drum gegessen und vergessen,
Daß wir sollten freier sein.

Ja, entsetzlich ist die Zeitung,
Wirkt wie bestes Opium,
So politisch ist die Leitung,
Daß wir stets politisch dumm.
Doch, ihr Brüder, tapfer essen
Dürfen wir und schlürfen Wein,
Drum gegessen und vergessen,
Daß wir sollten freier sein.

Ja, wir möchten laut versichern:
Das ist gut, und das ist schlecht,
Und nicht so verstohlen kichern,
Wenn ihr rechten Unsinn sprecht.
Doch, ihr Brüder, tapfer essen
Dürfen wir und schlürfen Wein,
Drum gegessen und vergessen,
Daß wir sollten freier sein.

Ja, man ist uns vieles schuldig,
Ja, wir könnten freier sein,
Doch geduldig, nur geduldig,
Auch die Freiheit stellt sich ein.
Und solange tapfer essen
Dürfen wir und schlürfen Wein,
Ei, da kann man schon vergessen,
Daß wir sollten freier sein.

1841/42 / Gedichte II, S. 279 ff.

Der alte Zieten

Hans Joachim von Zieten,
Husaren-General,
Dem Feind die Stirne bieten,
Er tat's wohl hundert Mal;
Sie haben's all erfahren,
Wie er die Pelze wusch
Mit seinen Leibhusaren,
Der *Zieten* aus dem Busch.

Hei, wie den Feind sie bleuten,
Bei Hennersdorf und Prag,
Bei Liegnitz und bei Leuthen,
Und weiter Schlag auf Schlag;
Bei Torgau, Tag der Ehre,
Ritt selbst der Fritz nach Haus,
Doch *Zieten* sprach: »Ich kehre
Erst noch mein Schlachtfeld aus.«

Sie kamen nie alleine,
Der *Zieten* und der *Fritz,*
Der Donner war der eine,
Der andre war der Blitz.
Es wies sich keiner träge,
Drum schlug's auch immer ein,
Ob warm, ob kalte Schläge,
Sie pflegten gut zu sein. –

Der Friede war geschlossen,
Doch Krieges Lust und Qual,
Die alten Schlachtgenossen
Durchlebten's noch einmal;
Wie Marschall *Daun* gezaudert
Und *Fritz* und *Zieten* nie,
Es ward jetzt durchgeplaudert
Bei Tisch, in Sanssouci.

Einst mocht es ihm nicht schmecken,
Und sieh, der Zieten schlief,
Ein Höfling wollt ihn wecken,
Der König aber rief:
»Laßt schlafen mir den Alten,

Er hat in mancher Nacht
Für uns sich wach gehalten,
Der hat genug gewacht.« –

Und als die Zeit erfüllet
Des alten Helden war,
Lag einst, schlicht eingehüllet,
Hans Zieten, der Husar:
Wie selber er genommen
Die Feinde stets im Husch,
So war der Tod gekommen
Wie Zieten aus dem Busch.

1847 / Gedichte I, S. 208 f.

Preußens Zukunft

Deutschland hat seinen konstitutionellen Kaiser: Erzherzog Johann ist Reichsverweser. Es hieße Geist und Streben unserer Zeit verkennen, wenn wir den Entwicklungsgang unseres Vaterlandes damit beendet glaubten. Dieser Reichsverweser ist ein bloßer Durchgangspunkt, eine Brücke zwischen alter und neuer Zeit, wie unsere Konstitutionen überhaupt. Was kommen muß, wird kommen. Die deutschen Stämme werden mehr und mehr erkennen, daß ihre Interessen dieselben sind, die Scheidewände werden fallen mit den Dynastien, und Deutschland wird groß, frei und einig sein.

Diese Auferstehung Deutschlands wird schwere Opfer kosten. Das schwerste unter allen bringt Preußen. Es stirbt. Jeder andere Staat kann und mag in Deutschland aufgehen; gerade Preußen muß darin *untergehen*. Was unsere Zeit so schön charakterisiert, ist Gerechtigkeit gegen jede Nationalität. Die eigene schützen, die fremde achten, das ist Losung und Feldgeschrei. Innerhalb der Nationalitäten aber werden die *Stammesverschiedenheiten* wieder in ihr Recht treten, und diese Rückkehr zum Natürlichen bringt Preußen um seine Existenz. Bayern, Sachsen, Schwaben, sie werden in Deutschland aufgehen, der großen deutschen Republik werden diese Namen nicht fehlen. Aber eine *preußische* Republik ist eine Unmöglichkeit; Preußen muß zerfallen. Seine Provinzen gleichen ebensovielen Eisenstäben, die ohne Anziehungskraft untereinander nur durch das Tau eines absoluten Willens zusammengehalten werden. Das Tau ist mürbe geworden, es wird zerrissen, und die Eisenstäbe werden folgen, wohin der Magnet der Stammesgleichheit sie zieht. Preußen war eine Lüge, das Licht der Wahrheit bricht an und gibt der Lüge den Tod. Mögen Tausende sich erheben und Preußen eine Wahrheit, mich aber einen Lügner nennen, mögen sie in Ermangelung eines andren Beweises das Paradepferd unserer glorreichen Geschichte reiten – ich antworte ihnen: das *jetzige* Preußen hat keine Geschichte. [...]

»Berliner Zeitungshalle«, 31. August 1848

Einen Muskedonner

Ich bin nicht in der Stimmung, auf Deinen unendlich friedlichen Brief, der nach Abgeschiedenheit und nach jedem beliebigen Jahrgang – nur nicht nach *1848* – schmeckt, einzugehn; die Ereignisse der letzten Tage: der Wrangelsche Armeebefehl und das Ministerium »Pfuel, Eichmann, Bonin« erklären geradezu die Contre-Revolution und fordern zum Kampf heraus.
Was auch der Ausgang desselben sein mag, ich *wünsche ihn* u. bin außer mir, jenes herrliche Mittel zu entbehren, ohne welches jede Beteiligung eine Unmöglichkeit ist.
Mit dürren Worten: hast Du nicht auf väterlicher Rumpelkammer eine alte, aber gute Büchse? Ich fordre es von Dir als einen Freundschaftsdienst, mich nicht im Stich zu lassen, wenn Du meinen Wunsch erfüllen *kannst*, und sehe einigen Zeilen, noch lieber aber dem Muskedonner in Person entgegen. Lache nicht, die Sache hat ihre sehr ernsthafte Seite.

An Bernhard von Lepel, Berlin, 21. September 1848

Der Alte Fritz

(Zur Enthüllungsfeier des Friedrich-Denkmals im August 1851)

Bist endlich da! Gott sei's geklagt,
Hast lange warten lassen;
Nun lehr uns wieder, unverzagt
Den Feind beim Schopfe fassen,
Den Feind in Ost, den Feind in West,
Die Feinde drauß und drinnen,
Zerreiß die Netze dicht und fest,
Womit sie uns umspinnen.

Blitz nur herab von deiner Wacht,
Solch Wächter mag uns taugen:
Wir brauchen wieder, Tag und Nacht,
Die Alten-Fritzen-Augen;
Blitz nur herab! und wenn im Nu
Die Schleicher du erraten,

Dann heb den Stock und droh: »Du, du!«
Wie weiland dem Kroaten.

Blitz nur herab von deiner Wacht;
Und wenn uns Feinde spotten,
Pandurentum und Slawenmacht
Sich rings zusammenrotten.
Dann, dir zu Füßen, weck und wink
Dem alten Leibhusaren,
Und sprich: »He, Zieten, sattl Er flink;
Wir wolln mal drunterfahren.«

Vor allem aber blitz ins Herz
Den Lenkern und den Leitern,
Sei du das Vorgebirg von Erz,
Dran ihre Ängste scheitern;
Ruf ihnen zu: »*Mein* war der Mut,
Dies Preußen aufzurichten,
Es tut nicht gut, es tut nicht gut,
Solch Zagen und Verzichten.

Wohl, angesichts von meinem Schloß,
Mag ich hier droben wohnen,
Doch gilt's mein Volk – mit Mann und Roß
Einschmelzt mich zu Kanonen;
Wohl thron ich hier auf sichrem Sitz,
Mein Schimmel selbst ward erzen,
Doch sichrer thront der Alte Fritz
In alten Preußenherzen.«

1851 / Gedichte I, S. 258 f.

Poplige Unteroffiziers-Wirtschaft

Ich darf wohl sagen, daß ich ein gutes Recht habe, so zu sprechen. Ich habe ihnen [den Berliner Behörden], hier contre cœur und gegen beßres Einsehn, rein aus Gehorsam, die unglückliche »Korrespondenz« gegründet und habe sie dann 5 Monate lang unter maßlosem Ärger geführt; ich habe mich im Geldpunkt scheußlich betümpeln lassen und von den zugesagten 2000 Rtl. nie was zu sehn gekriegt; ich habe ihnen schließlich die Geschichte mit dem M. Chronicle besorgt und würde hier mindestens ein unterhaltender, klar und munter schreibender Korrespondent sein, wenn sich die preußische Regierung endlich bis zu dem Besitz einer anständigen Zeitung (denn »Zeit«, mir graut vor dir) erheben könnte. So werd ich hin und her geschuppst und spiele eine Rolle, die weit unter meiner Würde ist. Die poplige Geschichte mit dem Globe hat das Maß voll gemacht. Ich muß mein Recht wahren, es koste, was es wolle. Sie müssen erkennen, daß ich mich nicht traktieren lasse wie Chevallerie oder Dr. Schmidt. Man gilt soviel, wie man vor sich selber gilt. Daß ich einigermaßen brauchbar bin, müssen sie nunmehr eingesehn haben; wenn sie's noch nicht wissen, werden sie's niemals wissen. Ihre poplige Unteroffiziers-Wirtschaft ist mir bloß lächerlich. Wollen sie einen Menschen, der nun mal ein Offizier ist, in ihrer Beamtenarmee verwenden, so sollen sie ihn nicht traktieren wie einen Gefreiten. Diese Impotenz aller Maßregeln, die wollen und nicht können, dies Bestreben, einen *literarischen* Gesandtschaftsattaché aus mir zu machen und mich zu bezahlen wie einen Gesandtschaftsbedienten – das alles widert mich an.

An Frau Emilie, London, 19. Juli 1856

Popularität und Bedeutung

Unter allen bedeutenden Männern, die Ruppin, Stadt wie Grafschaft, hervorgebracht, ist Karl Friedrich Schinkel der bedeutendste. Der »alte Zieten« übertrifft ihn freilich an Popularität, aber die Popularität eines Mannes ist nicht immer ein Kriterium für seine Bedeutung. Diese resultiert vielmehr aus seiner reformatorischen Macht, aus dem Einfluß, den sein Leben für die Gesamtheit gewonnen hat, und *diesen* Maßstab angelegt, kann der »Vater unsrer Husaren« neben dem »Schöpfer unsrer Baukunst« nicht bestehn. Wäre *Zieten* nie geboren, so besäßen wir (was freilich nicht unterschätzt werden soll) eine volkstümliche Figur weniger, wäre *Schinkel* nie geboren, so gebräch es unsrer immerhin eigenartigen künstlerischen Entwicklung an ihrem wesentlichsten Moment.

1864 / »Die Grafschaft Ruppin« (zweite Aufl.), Absch. Neuruppin, Kap. 7

Zopfpreußentum

Alle diese Pläne, mit ihrer Sorge und Unruhe, wären nicht nötig gewesen, wenn es Sr. Exzellenz, dem Herrn Minister der Geistlichen, Unterrichts- und Medizinal-Angelegenheiten [Heinrich von Mühler] beliebt hätte, die große Unfreundlichkeit, die er mir vor 3 Jahren antat [Streichung einer Unterstützung], nun endlich wiedergutzumachen. Es hat ihm *nicht* beliebt. Ich bin fest überzeugt, daß sein Bruder, der Cabinetsrat, und vor allem sein Schwager, mein lieber kleiner Merckel, wenn sie ihm dort oben begegnen sollten, bei seinem Anblick sofort beide Hände in die Hosentaschen stecken und ohne Gruß und Handschlag an ihm vorbeigehen werden. Sie, mein gnädigstes Fräulein, werden davon ausgehn, daß ich mir dies alles selber eingebrockt habe. Ich glaub es nicht; aber es kann sein. Jedenfalls gereicht es mir zum Trost, nach meinem Gefühl gehandelt zu haben. Mein Gefühl aber schreibt mir unbedingt vor, auf ein hartes »Nein«, das meiner Bitte zuteil wird, nicht ruhig weiterzubitten, als wäre nichts vorgefallen. Möglich, daß dergleichen im preußischen Bureaukratismus alle Tage vorkommt, aber wenn dem so ist, so ist es mir nur ein Beweis mehr, daß dies vielgerühmte Zopfpreußentum mit seinem Dünkel, seiner Filzerei und seiner Grobheit wenig paßt zu dem Zuge meines Herzens.

An Mathilde von Rohr, Berlin, 15. April 1870

Einzug

(16. Juni 1871)

Und siehe da, zum dritten Mal
Ziehen sie ein durch das große Portal;
Der Kaiser vorauf, die Sonne scheint,
Alles lacht und alles weint.

Erst die Garde. Brigaden vier,
Garde und Garde-Grenadier':
Elisabether, Alexandriner
Franziskaner, Augustiner,
Sie nahmen, noch nicht zufrieden mit Chlum,
Bei Privat ein Privatissimum.

Mit ihnen kommen, geschlossen, gekoppelt,
Die Säbel in Händen, den *Ruhm* gedoppelt,
Die hellblauen Reiter von Mars la Tour,
Aber an *Zahl* die Hälfte nur.

Garde vorüber – *Garde* tritt an:
Regiment des Kaisers, Mann an Mann,
Die *Siebner*, die Phalanx jedes Gefechts,
»Kein Schuß; Gewehr zur Attacke rechts«.
Die *Sieben* ist eine besondere Zahl,
Dem einen zur Lust, dem andern zur Qual;
Was von den Turkos noch übrig geblieben,
Spricht wohl von einer bösen Sieben.

Blumen fliegen aus jedem Haus,
Der Himmel strömt lachende Lichter aus,
Und der Lichtball selber lächelt in Wonne:
»Es gibt doch noch Neues unter der Sonne.«

Gewiß. Eben jetzt einschwenkt in das Tor,
Keine Linie zurück, keine Linie vor,
En bataillon, frisch wie der Lenz,
Die ganze Armee in Double-Essenz.
Ein Corps bedeutet jeder Zug,
Das ist kein Schreiten, das ist wie Flug,
Das macht, weil ihnen *ungesehn*
Dreihundert Fahnen zu Häupten wehn.

Bunt gewürfelt Preußen, Hessen,
Bayern und Baden nicht zu vergessen,
Sachsen, Schwaben, Jäger, Schützen,
Pickelhauben und Helme und Mützen,
Das Eiserne Kreuz ihre einzige Zier;
Alles zerschossen; ihr ganzes Prahlen
Nur ein Wettstreit in den Zahlen,
In den Zahlen derer, die *nicht* hier.

Zum dritten Mal
Ziehen sie ein durch das große Portal;
Die Linden hinauf erdröhnt ihr Schritt,
Preußen-Deutschland fühlt ihn mit.

Hunderttausende auf den Zehenspitzen!
Vorüber wo Einarm und Stelzfuß sitzen,
Jedem Stelzfuß bis in sein Bein von Holz
Fährt der alte Schlachtenstolz.
Halt,
Vor des Großen Königs ernster Gestalt.

Bei dem Fritzen-Denkmal stehen sie wieder,
Sie blicken hinauf, der Alte blickt nieder;
Er neigt sich leise über den Bug:
»Bon soir, Messieurs, *nun* ist es *genug.*«

Juni 1871 / Gedichte I, S. 240 f.

Die Potsdamme der Weltgeschichte

Im großen und ganzen – alle Kasselaner mögen es mir verzeihn – hat mich ihre vielgerühmte Haupt- und Residenzstadt enttäuscht, was eine Bewunderung im einzelnen [...] nicht im geringsten ausschließt. Ich werde meine Gegner, die mich nach diesem Ausspruch zunächst im Verdacht des Borussismus und der Berlinerei haben werden, am besten dadurch entwaffnen, daß ich ihnen erkläre: *Kassel gehört unter die Potsdamme der Weltgeschichte.* Das Wesen dieser Potsdamme – wobei ich Potsdam als alten überkommenen Begriff, nicht als etwas tatsächlich noch Vorhandenes fasse –, das Wesen dieser Potsdamme, sag ich, besteht in einer unheilvollen Verquickung oder auch Nicht-Verquickung von Absolutismus, Militarismus und Spießbürgertum. Ein Zug von Unfreiheit, von Gemachtem und Geschraubtem, namentlich auch von künstlich *Hinaufgeschraubtem*, geht durch das Ganze und bedrückt jede Seele, die mehr das Bedürfnis hat, frei aufzuatmen als Front zu machen. Front zu machen. Ja, dies ist das Eigentlichste! Ein gewisses Drängen herrscht in diesen der Louis-XIV.-Zeit entsprungenen Städten vor, in die erste Reihe zu kommen, vielleicht gegrüßt zu werden, vornehm und gering nehmen gleichmäßig daran teil und bringen sich dadurch, während der Hochmut wächst, um mit das Beste, was der Mensch hat: das Gefühl seiner selbst. Es kann keinen wärmeren Lobsprecher des richtig aufgefaßten »Ich dien« geben als mich; es ist ein *Charakter*vorzug, gehorchen zu können, und ein *Herzens*vorzug, loyal zu sein, aber man muß zu dienen und zu gehorchen wissen in Freiheit. Man hat von den Berlinern gesagt, sie hätten alle »einen kleinen 'alten Fritz' im Leibe« (beiläufig das Schmeichelhafteste, was je über sie gesagt worden ist); so kann man von vielen Kleinresidenzlern sagen: sie tragen den Hofmarschall v. Kalb irgendwie oder irgendwo mit sich herum.

1872 / »Aus den Tagen der Okkupation«, VI. Abt. »Wilhelmshöhe«, Kassel

Der Examens-Fetisch und die Folgen

Vier Schiffe bilden eine Flotte; Wert derselben 40 Millionen Mark, also halb soviel, wie früher der ganze preuß. Staat Jahres-Einnahme hatte, und in nicht voll 14 Tagen, ohne Sturm, bei dem klarsten Wetter, bei vollzähligster Bemannung sind drei Schiffe vorläufig unbrauchbar: eins total verloren, das andre halb ruiniert und das dritte dreimal auf den Grund gefahren. Wenn das alles *Unglück* ist, dann muß es von unsrem 70er Kriege mit demselben Rechte heißen: alles *Glück*. Davon will man indessen – und mit Recht – nichts wissen. Ebensowenig ist aber die Schiffsgeschichte »Unglück«. Was die »Weserzeitung« andeutet, aber nicht nennen will, das ist das von mir ewig gesungene Lied von der Examen-Weisheit und vom Examen-Dünkel. Erst neulich sagte ein ernsthafter Mann – ich glaube Meyer oder Gildemeister –, wir seien die Vorder-Chinesen. Ja, das ist richtig. Einer wird dreimal oder siebenmal examiniert, und nun weiß er nicht bloß alles, nun *kann* er auch alles. Bei jeder Entbindung, bei jedem verrenkten Fuß wird einem klar, was bei der ewigen Studiererei herauskommt. Wissen ist gut, als Unterstützung, Förderung und Aufklärung im Praktischen, wenn es aber die Praxis ersetzen soll, so ist es keinen Schuß Pulver wert. Selbst in der Armee, dem besten, was wir haben, fängt die Sache an gefährlich zu werden; jeder generalstäblert, schlägt Schlachten auf dem Papier und kann keine Sektion über den Rinnstein führen. Alles immer von höchsten Gesichtspunkten aus, alles immer im Zusammenhang mit Wissenschaft und Ewigkeit, und das Kleine, das recht eigentlich das Leben ausmacht, geht darüber verloren. Jeder hält sich für das Größte berufen, und das Kleinste kann er nicht. [...] Ich freue mich, in *dieser* Zeit gelebt zu haben und nicht ein Menschenalter oder ein Jahrhundert früher, aber das ist wahr, eine grenzenlose Fadheit und Flachheit gähnt einem überall entgegen, und der gebildete Durchschnitts-Mensch, der Examen-Heilige, macht einen unsagbar tristen Eindruck.

An Frau Emilie, Berlin, 8. Juni 1878

Neue Kräfte in der Gesellschaft

Besten Dank für Deinen Brief. Du fragst [nach dem Nobiling-Attentat], wie man früher solcher Bewegungen Herr geworden ist? Darauf ist nicht direkt zu antworten, denn *solche* Bewegungen hat es früher nicht gegeben. Wie war es früher? Eine revolutionäre Natur, ein mit Potenzen ausgerüsteter Tunichtgut verführte entweder große, harmlose Volksmassen, oder er stellte sich an die Spitze bereits vorhandener Unzufriedener. Im erstren Falle fing man den Anführer, hing ihn, und alles war vorbei, im letztren Falle geschah zunächst dasselbe, aber kleine berechtigte Forderungen (Bier- oder Brottaxe heruntergesetzt und ähnliche Lappalien) mußten erfüllt werden. Das alles war Kinderspiel; man befand sich einer stupiden Masse gegenüber. Das ist jetzt anders. Millionen von Arbeitern sind grade so gescheit, so gebildet, so ehrenhaft wie Adel und Bürgerstand, vielfach sind sie ihnen überlegen. [...] Alle diese Leute sind uns vollkommen ebenbürtig, und deshalb ist ihnen weder der Beweis zu führen, »daß es mit ihnen nichts sei«, noch ist ihnen mit der Waffe in der Hand beizukommen. Sie vertreten nicht bloß Unordnung und Aufstand, sie vertreten *Ideen*, die zum Teil ihre Berechtigung haben und die man nicht totschlagen oder durch Einkerkerung aus der Welt schaffen kann. Man muß sie *geistig* bekämpfen, und das ist, wie die Dinge liegen, sehr, sehr schwer. – Vorläufig ist übrigens noch keine Gefahr.

An Frau Emilie, Berlin, 5. Juni 1878

Kaiser Wilhelms Helm

Das war nicht nobel, Nobiling!
Du nahmst die Sache zu gering,
Man schießt mit dreißig Körner Schrot
Nicht einen deutschen Kaiser tot.
Du warst kein Held, du warst ein Schelm,
Der Held, der war des Kaisers *Helm,*
Der stellte sich vor den Doppellauf
Und fing die dreißig Körner auf,
Ihn feiert mein Sang, *ihn* feiert mein Lied –
Es lebe der Schroten-Winkelried.

Juli 1878 / Gedichte II, S. 458

Massive Preußen-Kritik

Er [der aus Polen stammende, in Berlin lebende Geheimrat Ladalinski] ist ein Pedant. Da war er freilich hier am Ort. Denn alles, was hier in Blüte steht, ist Rubrik und Formelwesen, ist Zahl und Schablone, und dazu jene häßliche Armut, die nicht Einfachheit, sondern nur Verschlagenheit und Kümmerlichkeit gebiert. Karg und knapp, das ist die Devise dieses Landes. Ich war noch ein Kind, da las ich auf der Krakauer Schule von den Alten-Fritzischen Grenadieren, daß sie Westen getragen hätten, die gar keine Westen waren, sondern nur rote dreieckige Tuchstücke, die gleich an den Uniformrock angenäht waren. Und wahr oder nicht, diese dreieckigen Tuchlappen, ich sehe sie hier in allem, in Kleinem und Großem. Angenähtes Wesen, Schein und List, und dabei die tiefeingewurzelte Vorstellung, etwas Besonderes zu sein. Und woraufhin? Weil sie jene Rauf- und Raublust haben, die immer bei der Armut ist. Nie ist es satt, dieses Volk; ohne Schliff, ohne Form, ohne alles, was wohltut oder gefällt, hat es nur *ein* Verlangen: immer mehr! Und wenn es sich endlich übernommen hat, so stellt es das Übriggebliebene beiseite, und wehe dem, der daran rührt. Seeräubervolk, das seine Züge zu Lande macht! Aber immer mit Tedeum, um Gott oder Glaubens oder höchster Güter willen. Denn an Fahneninschriften hat es diesem Lande nie gefehlt.

1878 / Graf Bninski in »Vor dem Sturm«, Bd. 3, Kap. 16

Vom Wert einer altbackenen Semmel

Letzten Freitag erschien ein Diener von Exzellenz Graf Redern und sagte mir, der Graf würde sich freuen, mich am Montag zwischen 9 und 11 zu sehen; es sei in einer literarischen Angelegenheit. Meine Frau war wütend über dieses Zitiertwerden, ich beruhigte sie aber und sagte ihr, daß sie dreierlei nicht vergessen dürfe: 1. sei er über achtzig, 2. er sei Oberstkämmerer und Graf, und 3. bewohne er das schönste Palais in ganz Berlin. Kurzum, Montag kam und ich ging. Er war sehr gnädig, und ich kann die gute halbe Stunde, die ich bei ihm war, nicht zu den verlorenen zählen. Er ließ mich Einblicke in die Stellung eines höher potenzierten märkischen Edelmanns gewinnen, die mich wirklich lebhaft interessierten. Vielleicht bin ich auch ein dankbareres Publikum als nötig. Er proponierte mir schließlich, ich solle seine Biographie schreiben. Natürlich war ich gleich gewillt, es *nicht* zu tun, ich bat mir aber Bedenkzeit aus und versprach ihm eine schriftliche Antwort. Die hab ich denn gestern abend zur Post gegeben. Ich hab in dem Verkehr mit Hof und Hofleuten ein Haar gefunden; sie bezahlen nur mit »Ehre«, und da diese ganze Ehre auch noch nicht den Wert einer altbackenen Semmel für mich hat, so wird es mir nicht schwer, darauf zu verzichten.

An Mathilde von Rohr, Berlin, 15. Januar 1880

Zweifel an der Bedeutung Preußens

Der nationale wie der konfessionelle Standpunkt sind hinschwindende Dinge, vor allem aber ist es der preußische Standpunkt und sein alter ego, der lutherische. Beide sind künstliche Größen. Ich frage, was bedeuten sie? welche Missionen erfüllen sie? Sie ziehen Wechsel aufeinander, sie sind sich gegenseitig Zweck und Aufgabe, das ist alles. Und das soll eine Weltrolle sein! Was hat Preußen der Welt geleistet? Was find ich, wenn ich nachrechne? Die Großen Blauen König Friedrich Wilhelms I., den eisernen Ladestock, den Zopf und jene wundervolle Moral, die den Satz erfunden hat, »ich hab ihn an die Krippe gebunden, warum hat er nicht gefressen?«

1882 / »Schach von Wuthenow«, Kap. 2

Bismarck – »es ist ein Glück, daß wir ihn los sind«

Bismarck hat keinen größeren Anschwärmer gehabt als mich, meine Frau hat mir nie eine seiner Reden oder Äußerungen oder Briefe vorgelesen, ohne daß ich in ein helles Entzücken geraten wäre, die Welt hat selten ein größeres Genie gesehn, selten einen mutigeren und charaktervolleren Mann und selten einen größeren Humoristen. Aber *eines* war ihm versagt geblieben: Edelmut; das Gegenteil davon, das zuletzt die häßliche Form kleinlichster Gehässigkeit annahm, zieht sich durch sein Leben (ohne den begleitenden infernalen Humor wäre es schon früher unerträglich gewesen), und an diesem Nicht-Edelmut ist er schließlich gescheitert, und in diesem Nicht-Edelmut steckt die Wurzel der wenigstens relativen Gleichgültigkeit, mit der ihn selbst seine Bewunderer haben scheiden sehn. [...] Es ist ein Glück, daß wir ihn los sind, und viele, viele Fragen werden jetzt besser, ehrlicher, klarer behandelt werden als vorher. Er war eigentlich nur noch Gewohnheitsregente, tat, was er wollte, ließ alles warten und forderte nur immer mehr Devotion. Seine Größe lag hinter ihm; sie bleibt ihm in der Geschichte und in den Herzen des deutschen Volkes, aber was er in den letzten 3 Jahren davon verzapft hat, war *nicht* weit her.

An Georg Friedaender, Berlin, 1. Mai 1890

Das tyrannisierende Gesellschafts-Etwas

Ich habe mir's hin und her überlegt. Man ist nicht bloß ein einzelner Mensch, man gehört einem Ganzen an, und auf das Ganze haben wir beständig Rücksicht zu nehmen, wir sind durchaus abhängig von ihm. Ging es, in Einsamkeit zu leben, so könnt' ich es gehen lassen; ich trüge dann die mir aufgepackte Last, das rechte Glück wäre hin, aber es müssen so viele leben ohne das

»rechte Glück«, und ich würde es auch müssen und – auch können. Man braucht nicht glücklich zu sein, am allerwenigsten hat man einen Anspruch darauf, und den, der einem das Glück genommen hat, den braucht man nicht notwendig aus der Welt zu schaffen. Man kann ihn, wenn man weltabgewandt weiter existieren will, auch laufen lassen. Aber im Zusammenleben mit den Menschen hat sich ein Etwas ausgebildet, das nun mal da ist und nach dessen Paragraphen wir uns gewöhnt haben, alles zu beurteilen, die andern und uns selbst. Und dagegen zu verstoßen geht nicht; die Gesellschaft verachtet uns, und zuletzt tun wir es selbst und können es nicht aushalten und jagen uns die Kugel durch den Kopf. Verzeihen Sie, daß ich Ihnen solche Vorlesung halte, die schließlich doch nur sagt, was sich jeder selber hundertmal gesagt hat. Aber freilich, wer kann was Neues sagen! Also noch einmal, nichts von Haß oder dergleichen, und um eines Glückes willen, das mir genommen wurde, mag ich nicht Blut an den Händen haben; aber jenes, wenn Sie so wollen, uns tyrannisierende Gesellschafts-Etwas, das fragt nicht nach Charme und nicht nach Liebe und nicht nach Verjährung. Ich habe keine Wahl. Ich muß.

1895 / Geert von Innstetten in »Effi Briest«, Kap. 27

Götzenbild auf tönernen Füßen

Es steht mir nämlich fest, daß seltamerweise doch auch viel, *sehr* viel zur Verherrlichung dieses spezifischen Preußentums (s. Treitschke) gesagt werden kann und alle diese Herrlichkeit, die, bei viel Tüchtigem und Gescheitem, schließlich nur ein Götzenbild auf tönernen Füßen ist, in ihrer Unausreichendheit, vor allem auch in dem niedrigen Kulturgrad, den sie vertritt, geschildert und verurteilt zu sehn, wäre mir ein Hochgenuß. Mir und manchem andren. Denn es gibt ihrer doch noch etliche, die nach solchem Worte dürsten.

An Friedrich Paulsen, Berlin, 14. März 1897

»Famose Kerle« in der preußischen Geschichte

Ich darf Ihnen versichern, der jetzt in unserm Lande blühende Borussismus ist sehr wenig nach meinem Geschmack, und wenn ich Reden lese, wie sie Kaiser Wilhelm und nun gar erst (als Antwort) sein Bruder Heinrich in Kiel gehalten hat, so wird mir bei diesem Rückfall in Anschauungen, die noch über die Stuart-Anschauungen Jacobs II. hinausgehn, himmelangst. Aber *das* nehme ich auf den Diensteid, daß der Große Kurfürst, der sogenannte »Soldatenkönig« (Fr. W.) und der Alte Fritz nicht bloß famose Kerle gewesen sind, sondern daß ihr Tun, weit über alles Selbstische hinaus, auch im Dienste großer Ideen, vor allem der Bekämpfung des Katholizismus, gestanden hat. Nirgends in der Welt weiß man dies besser als in England, und nirgends in der Welt (selbst *mehr als bei uns selbst*) ist dies von England auch anerkannt worden. Denn es deckte sich mit den Grundsätzen der englischen Politik. [...] aber jedenfalls, falsch oder richtig, war immer eine *Idee* da, nach der die Hohenzollern zwei Jahrhunderte lang ihre Politik getrieben haben.

An James Morris, Berlin, 5. Februar 1898

Wahlen

Den ganzen Tag über habe ich Dich neben der »Wahlurne« sitzen sehn – ein Anblick für Götter. Dieser ganze Wahlkrempel kann unmöglich der Weisheit letzter Schluß sein. In England oder Amerika vielleicht oder auch gewiß, aber bei uns, wo hinter jedem Wähler erst ein Schutzmann, dann ein Bataillon und dann eine Batterie steht, wirkt alles auf mich wie Zeitvergeudung. Hinter einer Volks*wahl* muß eine Volks*macht* stehn, fehlt *die*, so ist alles Wurscht.

An Sohn Friedrich, Weißer Hirsch bei Dresden, 16. Juni 1898

Vom großen Zusammenhang der Dinge

Ich respektiere das Gegebene. Daneben aber freilich auch das Werdende, denn eben dies Werdende wird über kurz oder lang abermals ein Gegebenes sein. Alles Alte, soweit es Anspruch darauf hat, sollen wir lieben, aber für das Neue sollen wir recht eigentlich leben. Und vor allem sollen wir, wie der Stechlin uns lehrt, den großen Zusammenhang der Dinge nie vergessen. Sich abschließen heißt sich einmauern, und sich einmauern ist Tod. Es kommt darauf an, daß wir gerade *das* beständig gegenwärtig haben.

1898 / »Der Stechlin«, Kap. 29

Bündiges Bekenntnis

Meine politischen Anschauungen – allerdings zu allen Zeiten etwas wackliger Natur – haben sich meist mit dem Nationalliberalismus gedeckt, trotzdem ich zu demselben, wie schon an anderer Stelle ausgeführt, niemals in rechte Beziehungen getreten bin. Also eigentlich nationalliberal. In meinen alten Tagen indes bin ich immer demokratischer geworden, ganz nach dem Vorbilde meines Lieblings »Isegrimm« in Willibald Alexis' gleichnamigem herrlichem Roman, wohl das Beste, was er geschrieben. Aber wohin ich auch noch geschoben werden mag, ich werde immer zwischen politischen Anschauungen und menschlichen Sympathien zu unterscheiden wissen, und diese menschlichen Sympathien habe ich ganz ausgeprochen für den märkischen Junker. Die glänzenden Nummern unter ihnen – und ihrer sind nicht wenige – sind eben glänzend, und diese *nicht* lieben zu wollen wäre Dummheit; aber auch die nicht glänzenden – und ihrer sind freilich noch mehrere – haben trotz Egoismus und Quitzowtum, oder auch vielleicht um beider willen, einen ganz eigentümlichen Charme, den herauszufühlen ich mich glücklich schätze. Die Rückschrittsprinzipien als solche sind sehr gegen meinen Geschmack, aber die zufälligen Träger dieser Prinzipien haben es mir doch nach wie vor angetan. Vielleicht weil ich – ich glaube manche gut zu kennen – an den Ernst dieser Rückschrittsprinzipien nicht recht glaube. Sie können eines Tages total umschlagen.

1898 / »Von Zwanzig bis Dreißig«, Abschn. »Der Tunnel über der Spree«, Kap. 7

Märkischer Adliger »von der milderen Observanz«

Dubslav von Stechlin, Major a. D. und schon ein gut Stück über Sechzig hinaus, war der Typus eines Märkischen von Adel, aber von der milderen Observanz, eines jener erquicklichen Originale, bei denen sich selbst die Schwächen in Vorzüge verwandeln. Er hatte noch ganz das eigentümlich sympathisch berührende Selbstgefühl all derer, die »schon vor den Hohenzollern da waren«, aber er hegte dieses Selbstgefühl nur ganz im stillen, und wenn es dennoch zum Ausdruck kam, so kleidete sich's in Humor, auch wohl in Selbstironie, weil er seinem ganzen Wesen nach überhaupt hinter alles ein Fragezeichen machte. Sein schönster Zug war eine tiefe, so recht aus dem Herzen kommende Humanität, und Dünkel und Überheblichkeit (während er sonst eine Neigung hatte, fünf gerade sein zu lassen) waren so ziemlich die einzigen Dinge, die ihn empörten. Er hörte gern eine freie Meinung, je drastischer und extremer, desto besser. Daß sich diese Meinung mit der seinigen deckte, lag ihm fern zu wünschen. Beinah das Gegenteil. Paradoxen waren seine Passion.

»Ich bin nicht klug genug, selber welche zu machen, aber ich freue mich, wenn's andre tun; es ist doch immer was drin. Unanfechtbare Wahrheiten gibt es überhaupt nicht, und wenn es welche gibt, so sind sie langweilig.« Er ließ sich gern was vorplaudern und plauderte selber gern.

1898 / »Der Stechlin«, Kap. 1

»Kunst ist nichts, Geheimrat ist alles«

Kunstfeindlichkeit von Markt und Gesellschaft und die Heuchelei der Bourgeoisie

Knausrigkeit der Hohenzollern

Die Hohenzollern (was ihnen kein Vorwurf sein soll) haben nach dieser Seite hin [finanzielle Unterstützung von Künstlern] – immer von Militärpersonen abgesehn – *nie* etwas getan; Friedrich der Große schickte an die [Lyrikerin] Karschin 2 Tlr., andre schicken eine Bronzemedaille im Werte von 1 Tlr.; ich persönlich habe, von wenigen Fällen abgesehn, nie etwas andres extrahiert als ein prinzliches oder herzogliches Schreiben, an dem nichts golden war als der Rand des Briefpapiers. Nicht mal eigenhändig geschrieben waren solche Briefe; Cabinetsekretär-Arbeit und der Namenszug von Serenissimus unleserlich druntergefludert. Ich weiß, daß ich mich Ihnen gegenüber durchaus offen über solche Dinge äußern kann, weil *Sie* eben wissen, daß ich mich über dies und viel andres noch nie gegrämt habe. Ich habe von derlei Schritten, wenn ich sie dann und wann unternahm, nie etwas erwartet und finde es im allgemeinen ganz in der Ordnung, daß man sich kühl gegen die ganze Klasse von nicht recht vorwärts kommenden Kunst- und Literaturmenschen verhält, aber nachdem ich dies alles eingeräumt und den sogenannten »hohen Herrschaften« die besten Zeugnisse ihres Verhaltens ausgestellt habe, soll man mich nun auch – wenn Sie mir diesen Ausdruck gütigst verzeihn wollen – in Ruhe lassen und von mir kein ferneres Anklopfen an Türen fordern, von denen ich aufs bestimmteste weiß, daß das bekannte Berliner Schild »Mitglied des Vereins gegen Bettelei« neben dem Klingelzuge hängt.

An Mathilde von Rohr, Berlin, 17. März 1872

Schusterhaftes Kultusministerium

Gegen das ganze Ministerium habe ich einen wohlbegründeten Haß. Seit lange hätte es eine Art von moralischer Verpflichtung gehabt (namentlich wenn Sie daran denken, wie wenig man mir meine 4jährige Mission in England gelohnt und gedankt hatte), etwas *Reelles*, Dauerndes für mich zu tun; statt dessen haben sie sich jeden Tropfen abbetteln lassen. Bethmann-Hollweg war ein steifbockiger, unliebsamer alter Herr, Mühler ein dünkelhafter, halb verdreht gewordener Egoist, seine Frau (die man mitrechnen muß, denn *sie* war Minister) ein Greuel, Stiehl ein wichtigtuerischer Grobian und selbst Lehnert ein wunderbarer Heiliger. Wie ich Ihnen schon früher schrieb, ich mag mit diesem Ministerium nichts zu tun haben; eh ich nicht *muß*, tret ich über jene Schwelle nicht mehr; die Leute wissen, daß ich existiere, sie wissen auch, daß mir eine Anerkennung für meine klar vorliegende Gesamttätigkeit willkommen sein würde; wollen sie also etwas tun, so mögen sie es tun auf eigne Veranlassung oder in Folge eines Anstoßes von außen her; aber *ich* werde diesen Anstoß nicht mehr geben. An den perfiden, nichtsnutzigen Reskripten dieses kümmerlichen, schusterhaften Ministeriums würge ich noch. Mich an Herrn Falk [den amtierenden Kultusminister] zu wenden, hab ich keine Veranlassung; auch beschäftigen ihn ganz andre Fragen.

An Mathilde von Rohr, Berlin, 17. März 1872

Verbitterter Abschied von der Akademie der Künste

Meine Angelegenheit hat sich mittlerweile entschieden; am 2. August, am Tage vor der Akademiefeier, erhielt ich die amtliche Mitteilung, daß der Kaiser meine Entlassung genehmigt habe und daß ich nur noch die Ernennung eines Nachfolgers abzuwarten hätte. Im ersten Augenblicke war es mir *Deinetwegen* leid; ich hatte mich seit fünf, sechs Wochen derartig eingearbeitet, daß ich es für möglich hielt, die Sache auszuhalten, und in der äußren Lebenssicherheit ein Äquivalent für *das* erblickte, was ich, auch im glücklichsten Falle, hätte begraben müssen, ein Äquivalent für mein aufzugebendes Schriftstellertum. Aber was ich seit 14 Tagen nun wieder erlebt, zeigt mir, wie richtig meine ersten Eindrücke waren. Es ist ein durch und durch verloddertes, unsagbar elendes, von einem anständigen Menschen gar nicht zu tolerierendes Institut. Ich sehe ganz klar, wie es geändert werden könnte, aber zu dieser Änderung wird es auch nicht kommen, weil das Ministerium in seiner dummen Knickerei, in seiner unfreien Behandlung aller dabei in Betracht kommenden Fragen, an dem Jammerzustand geradesoviel Schuld trägt wie die Akademie selbst. Ich ersehne den Moment, wo ich aus dieser wichtigtuerischen Hohlheit, aus diesem Nichts, das mit Feierlichkeit bekleidet wird, wieder heraus sein werde.

Dinge, Personen, Zustände sind alle gleich unerquicklich. Ich passe in solch dummes Zeug nicht hinein und will mich lieber weiter quälen. Eine gute Theaterkritik, um das kleinste herauszugreifen, ist viel, viel besser als diese Reskripte-Fabrikation, bei denen ich noch nichts Erfreuliches habe herauskommen sehn. Übrigens spreche ich über diese Dinge zu niemand, am wenigsten in *diesem* Ton. Die Welt verlangt nun mal ihre Götzen. Meinetwegen, wenn ich sie nur nicht mit anzubeten brauche.

An Frau Emilie, Berlin, 15. August 1876

Kein ehrloser Schnurrer

Der 4. Halbband meines Kriegsbuches [»Der Krieg gegen Frankreich 1870/71«] erschien Ende Oktober [1876] und schloß eine große Arbeit, an der ich fast sechs Jahre tätig gewesen war. Freude und Ehre hat es mir wenig eingetragen; es ist da, und nun ist es gut. Den Kaiser, der die Widmung angenommen und sich gelegentlich anerkennend geäußert hatte, bat ich um eine Gnade (*nicht* Titel oder Orden). Geh. R. v. Wilmowski schüttelte vorweg den Kopf, versprach aber anzufragen, »ob S. M. vielleicht einen *besondren* Grund habe, mir wohlzuwollen?« Diese ungeheuer naive Frage wurde von Sr. M. einfach verneint, womit die Sache ihre Endschaft erreicht hatte. Ich warne meine Söhne oder jeden, der dies später liest, vor ähnlichen Schritten. Es ist die schlecht-angelegteste Zeit; nur nicht von Fürsten und Herren etwas wollen; um zu reüssieren, muß man ein ganz gemeiner, ehrloser Schnurrer sein, der, zur Vordertür hinausgeworfen, zur Hintertür wieder hereinkommt. Wer nicht zu dieser Kategorie gehört, der bleibe davon. Man blamiert sich nur und hat sich vor sich selbst erniedrigt.
[In einer späteren Notiz zu dieser Bemerkung, in der Fontane einige andere Dotationen des Kaisers aufzählt, heißt es ironisch:] Ich kann nun, dieser großen Summe gegenüber, dem Geh. R. v. Wilmowski nicht ohne weitres die Berechtigung absprechen, daß er mich als *einen ein für allemal Abgefundenen* ansah und davon ausgehen mochte, daß ein freigebigeres Handeln seinerseits, bei fortgesetzter siegreicher Kriegführung, notwendig zum Ruin der Königlichen Schatulle führen muß.

Tagebuch, 1876 und 1881

Mißachtung des Dichters

Die Kunst ist Spielerei, sie stört und ist eigentlich ridikül. Die Beschäftigung wenn nicht mit dem Höchsten, so doch mit dem Feinsten ist lächerlich, in vieler Augen auch verächtlich. Sie hat nicht einmal Hausrecht, sie zählt gar nicht mit.

Ein junger Chamisso, Sohn Adelberts, trat beim zweiten Garderegiment ein, das damals der alte Möllendorf kommandierte, ein trefflicher alter Herr – derselbe, der am 18. März [1848] das Malheur hatte, von einem Volkshaufen gefangengenommen zu werden. Es entspann sich zwischen dem Obersten und dem Avantageur folgendes Gespräch:

v. M.: »Also Chamisso! Was war Ihr Herr Vater?«

v. Ch.: »Dichter.«

v. M.: »Was?«

v. Ch.: »Dichter.«

v. M. (halb wohlwollend, halb aigriert): »Dichter? Nu gut, gut. Er muß doch aber auch was *Wirkliches* gewesen sein.«

v. Ch. (verlegen): »Mein Vater war auch Landwehroffizier.«

v. M. (beruhigt und beruhigend): »Na sehn Sie!«

So wurde mir seinerzeit im Kuglerschen Hause, das dem Chamissoschen nahestand, erzählt, und wenn es nichtsdestoweniger erfunden sein sollte, so behaupte ich, daß es sich damals jeden Tag ereignen konnte und vielleicht auch heute noch.

Mir selber erging es vor einigen Jahren nicht besser, ja sogar noch schlimmer, weil es mich persönlicher traf. Ich saß im Vorzimmer des Kultusministers und wartete. Mit mir ein Professor der Theologie. Der Bote ging hin und her und tat endlich die unvorsichtige, blamable Frage: »Gehören die Herren zusammen?« »Nein«, sagte der Professor indigniert und mit einem Ton, mit einem Ton ... O daß ich diesen Ton vor Gericht stellen könnte! Hätt ich Zeit gehabt, ich hätt in den Werken des Herrn die Stellen über Demut und Liebe nachgeschlagen.

1881 / »Die gesellschaftliche Stellung des Schriftstellers in Deutschland« II

Künftiger Literatur-Nobelpreisträger oder Ministerialdirektor

Heyse ist vermögend, er hat ein Haus und macht ein Haus, dazu seine eminenten gesellschaftlichen Gaben: all das sichert ihm eine gesellschaftliche Stellung; aber ich behaupte, daß diese gesellschaftliche Stellung dieselbe wäre, wenn er nie ein Sonett, ein Drama, eine Novelle geschrieben hätte. Es wird ihm auf all das hin nichts zugute getan.

Ein Beweis dafür ist nicht ganz leicht zu führen, aber er ist doch schließlich zu

führen. Man denke sich eine Gesellschaft, in der sich ein gleichalteriger Durchschnitts-Unterstaatssekretär, zwei Durchschnitts-Ministerialdirektoren, fünf Obersten von der Garde, Geheimrat Friedrich Theodor v. Frerichs, Generalsuperintendent Rudolf Kögel, Geheimrat Ernst v. Leyden, Geheimrat Maximilian Wolfgang Duncker, ein paar Parlamentarier, ein Durchschnitts-Oberst oder auch -generalmajor und ein Professor – der entweder ein stoffliches Buch über Staatsrecht oder über Leberkrankheiten geschrieben hat – befinden: ich sage, man denke sich eine solche Gesellschaft. Und nun wird zum Souper gegangen. Es handelt sich darum, wer die Dame vom Hause zu Tisch führen und ihr später zur Linken und Rechten sitzen wird. Ich glaube der Unterstaatssekretär oder der Generalsuperintendent wird die Dame führen und an ihrer rechten Seite sitzen, der älteste Ministerialdirektor zur Linken, ein anderer vis-à-vis: in einiger Entfernung würde Heyse kommen. Warum? Soweit ich die Personen kenne, ist ihnen Heyse sämtlich überlegen, sogar sehr bedeutend; er gehört der Literaturgeschichte an, seine Werke sind in ein halb Dutzend Sprachen übersetzt, er ist um die ganze Erde herum bekannt – dennoch rückt er in die zweite Linie. Woran liegt das? Ich will nicht behaupten, daß es nicht einen Unterstaatssekretär oder Ministerialdirektor gäbe, der einem Dichter überlegen wäre oder wenigstens überlegen sein könnte, bis zu diesem Tag aber ist mir ein solcher noch nicht vorgestellt worden oder ich ihm. Es gibt keine andere Erklärung, als man hat keine rechte Achtung vor dem, was ein Dichter vertritt. Kunst ist Spielerei, ist Seiltanzen.
Man werfe mir nicht vor, daß ich aus persönlichem Engagiertsein, aus Fachgenossenschaft heraus dem Dichter- und Künstlertum eine besonders erhabene, eine exzeptionelle Stellung anweisen möchte; nur eine gerechte möchte ich ihm anweisen.

1881 / »Die gesellschaftliche Stellung des Schriftstellers in Deutschland« III

Ernüchterung

Vom Kurhause [...] ging ich an den Strand und dämmerte so von Bank zu Bank. Als ich an der Hauptstelle war, wo viele Hunderte von Korbhütten stehn, in denen man die Strandluft genießt, fühlt ich mich von hinten her gepackt, und der kleine jüdische Maler-Professor Michael, stand vor mir, der vorigen Winter nahe daran war, von dem Orlando furioso Toberentz wegen »Verleumdung« totgeschossen zu werden. Er schleppte mich bis an seine Korbhütte, wo ich nun der Frau Professorin und ihrem 19jährigen Sohne, einem jungen Studenten, der für »Gegenwart« und »Magazin« Kritiken schreibt, vorgestellt wurde. Die Frau Professorin begrüßte mich sehr herzlich, zeigte mir die neuste Nummer der »Vossin« [mit dem Vorabdruck von »Schach von Wuthenow«] und sagte: »Eben hab ich von Ihnen gelesen; sehen Sie, hier; es ist so spannend, man kennt ja alle Straßennamen.« Dann brach das Gespräch glücklicherweise ab, und wir gingen, mit Herrn v. Behr zu sprechen, »zu interessanteren Thematas« über. Die Strandpromenade mit den drei Herrschaften dauerte nun wohl noch anderthalb Stunden, und die Gutmütigkeit und Freundlichkeit der Frau Professorin gefiel mir. Ich kam dadurch sozusagen auf meine Kosten. Aber das Urteil: »es ist so spannend, man kennt ja fast alle Straßennamen« hat doch einen furchtbaren Eindruck auf mich gemacht. Nicht als ob ich der Frau zürnte; wie könnt ich auch! Im Gegenteil, es ist mir bei aller Schmerzlichkeit in gewissem Sinne angenehm gewesen, mal so naiv sprechen zu hören. Im Irrtum über die Dinge zu bleiben, ist oft gut; aber klar zu sehn, ist oft *auch* gut. Das ist nun also das gebildete Publikum, für das man schreibt, und der 19jährige junge Sohn (der mir übrigens gefallen hat) geht nebenher und kritisiert G. Freytag, A. Glaser und natürlich auch mich in »Gegenwart« und »Magazin«, also in den vornehmsten und angesehensten Blättern, die Deutschland hat. Alles macht einen wahren Jammer-Eindruck auf mich, und wenn ich nicht arbeiten *müßte*, würd ich es in einem gewissen Verzweiflungszustande, in dem ich mich befinde, doch wahrscheinlich aufgeben. Ersieh *daraus*, wie groß mein Degout ist, denn meiner ganzen Natur nach bin ich auf die *Freude des Schaffens* gestellt.

An Frau Emilie, Norderney, 14. August 1882

Publikum

Das Publikum ist eine einfache Frau,
Bourgeoishaft, eitel und wichtig,
Und folgt man, wenn sie spricht, genau,
So spricht sie nicht mal richtig.

Eine einfache Frau, doch rosig und frisch,
Und ihre Juwelen blitzen,
Und sie lacht und führt einen guten Tisch,
Und es möchte sie jeder besitzen.

1883 / Gedichte I, S. 46

Vergebliche Zappelei

Schon seit dem 30. v. M. bin ich wieder aus dem Harz, in dem ich, nach des Winters qualvoller Länge, regelmäßig eine Sommer-*Vor*kur durchzumachen pflege, nach hier zurückgekehrt und stehe jetzt auf dem Sprunge nach Norderney. Daß man sich in seinem vermögenslosen Zustand und bei dem Jammerertrage seiner Feder einen solchen Luxus immer noch gönnen kann, ist eigentlich ein Mirakel. Und das führt mich zu dem Ausdruck meines lebhaftesten Bedauerns über den abermaligen Mißerfolg meiner Anstrengungen, den ich nun, durch Ihre Zahlenangaben, schwarz auf weiß habe. Wer von uns beiden der beklagenswertere dabei ist, ist schwer zu sagen, ich möchte aber leider beinah sagen dürfen, *ich.* Sie sind jung, und was Ihnen A. heute nicht leistet, leistet Ihnen B. morgen; aber am Ende eines Lebens auf eine 40jährige vergebliche Zappelei zurückzublicken ist ein schlechtes Vergnügen. Tausendmal hab ich mir gelobt, gleichgültig dagegen zu sein (au fond *ist* es gleichgültig), aber wenn einen dann die Zahl 510 anstarrt, 510 auf 60 Millionen Deutsche, die über die Welt hin wohnen, so kriegt man ein Zittern, und das Herz sinkt einem, um nicht einen drastischeren Ausdruck zu wählen.

An Wilhelm Friedrich, Berlin, 13. Juli 1883

Lebenswege

Fünfzig Jahre werden es ehstens sein,
Da trat ich in meinen ersten »Verein«.
Natürlich Dichter. Blutjunge Ware:
Studenten, Leutnants, Refrendare.
Rang gab's nicht, *den* verlieh das »Gedicht«,
Und *ich* war ein kleines Kirchenlicht.

So stand es, als Anno 40 wir schrieben,
Aber ach, wo bist du Sonne geblieben,
Ich bin noch immer, was damals ich war,
Ein Lichtlein auf demselben Altar,
Aus den Leutnants aber und Studenten
Wurden Genräle und Chefpräsidenten.

Und mitunter, auf stillem Tiergartenpfade,
Bei »Kön'gin Luise« trifft man sich grade.

»Nun, lieber F., noch immer bei Wege?«
»Gott sei Dank, Exzellenz ... Trotz Nackenschläge ...«

»Kenn ich, kenn ich. Das Leben ist flau ...
Grüßen Sie Ihre liebe Frau.«

1885/89 / Gedichte I, S. 30

Die Sechserwirtschaft des Bourgeois

Ich kann den Bourgeoiston nicht ertragen, und in derselben Weise, wie ich in frühren Jahrzehnten eine tiefe Abneigung gegen Professorenweisheit, Professorendünkel und Professorenliberalismus hatte, in derselben Weise dreht sich mir jetzt angesichts des wohlhabend gewordenen Speckhökertums das Herz um. Wirklicher Reichtum imponiert mir oder erfreut mich wenigstens, seine Erscheinungsformen sind mir in hohem Maße sympathisch, und ich lebe gern inmitten von Menschen, die 5000 Grubenarbeiter beschäftigen, Fabrikstädte gründen und Expeditionen aussenden zur Kolonisierung von Mittelafrika. Große Schiffsreeder, die Flotten bemannen, Tunnel- und Kanalbauer, die Weltteile verbinden, Zeitungsfürsten und Eisenbahnkönige sind meiner Huldigungen sicher, ich will nichts von ihnen, aber sie schaffen und wirken zu sehn tut mir wohl, alles Große hat von Jugend auf einen Zauber für mich gehabt, ich unterwerfe mich neidlos. Aber der »Bourgeois« ist nur die Karikatur davon, er ärgert mich in seiner Kleinstiezigkeit und seinem unausgesetzten Verlangen, auf nichts hin bewundert zu werden. Vater Bourgeois hat sich für 1000 Tlr. malen lassen und verlangt, daß ich das Geschmiere für einen Velasquez halte, Mutter Bourgeoise hat sich eine Spitzenmantille gekauft und behandelt diesen Kauf als ein Ereignis, alles, was angeschafft oder wohl gar »vorgesetzt« wird, wird mit einem Blicke begleitet, der etwa ausdrückt: »Beglückter du, der du von *diesem* Kuchen essen, von *diesem* Weine trinken durftest«, alles ist kindische Überschätzung einer Wirtschafts- und Lebensform, die schließlich gerade so gut Sechserwirtschaft ist wie meine eigne. Ja, sie ist es mehr, ist es recht eigentlich. Ein Stück Brot ist nie Sechserwirtschaft, ein Stück Brot ist ein Höchstes, ist Leben und Poesie, ein Gänsebraten-Diner aber mit Zeltinger und Baiser-Torte, wenn die Wirtin dabei strahlt und sich einbildet, mich der Alltäglichkeit meines Daseins auf 2 Stunden entrissen zu haben, ist sechserhaft in sich und doppelt durch die Gesinnung, die es begleitet. Der Bourgeois versteht nicht zu geben, weil er von der Nichtigkeit seiner Gabe keine Vorstellung hat. Er »rettet« immer, und man verschreibt sich ihm auf eine Schrippe hin für Zeit und Ewigkeit.

An Tochter Martha, Berlin, 18. April 1884

Wie man's machen muß

Zwei- oder dreimal mußt er vors Messer,
Dann war er durch und ein Durchschnittsassesser.

Im übrigen war er ein Pfiffikus:
»Eine Spezialität man wählen muß.«

Und endlich hat er sich entschieden:
»Das Durchfahrtsrecht in Krieg und Frieden.«

Er las dreiunddreißig fremde Werke,
Broschüren wurden seine Stärke.

Traten dann Konferenzen zusammen,
Und stand der Streit in hellen Flammen,

Und kam's, daß man keinen Ausweg sah,
So hieß es: »Ist kein Dalberg da?

Warum uns zanken, quälen, schlagen,
Assessor Null wird uns alles sagen.«

Und wirklich, Null wird zugezogen,
Es legen sofort sich des Streites Wogen.

Ein Titel schreitet jetzt vor ihm her,
Null ist schon lange Null nicht mehr.

1885/89 / Gedichte I, S. 38 f.

Macht des Geldes

Es haftet ja dem Gelde eine zauberhafte Macht an, auch im Guten, und das Absterben des *Kleinlichen*, daran die Deutschen auch jetzt noch leiden, ist eine der großen Segnungen großen Besitzes und großer Verhältnisse. Das eigentlich Erquickliche, Glückliche, auch *Große* liegt aber doch woanders. Unsre großen Dichter, Philosophen, Feldherrn und Staatsmänner waren arme Leute. Was bleibt vom alten Zieten, von Kant und Schiller übrig, wenn man sie mit der Geld-Elle mißt? Ohne *Freiheit* kann sich der Mensch nirgends zu was Schönem entwickeln, hat er aber Freiheit – und Bedürfnislosigkeit sichert auch dem Armen die Freiheit –, so hat er alles. Hast Du von Mrs. Dooly [reiche Amerikanerin, mit der Fontanes Tochter durch Italien reiste] den Eindruck, daß sie Dir überlegen ist? Ich nicht. Es wäre auch furchtbar, wenn Goldbuddeln oder einen reichen Juden totschlagen alles wäre!

An Frau Emilie, Thale, 25. Juni 1884

Der Sommer- und Winter-Geheimrat

Um die Sommerzeit sind sie wie andre Menschen
Aus Schwiebus, Reppen oder Bentschen.

Zumal in Bädern, in Ostseefrischen
Sitzt man mit ihnen an selben Tischen,
Und sind auch verschieden der Menschheit Lose,
Gleichmacherisch wirkt die Badehose.
Der alte Adam mit seinen Gebrechen
Läßt manches schweigen und manches sprechen.
Am Spill wurde gestern ein Seehund geschossen,
Zu drängen sich alle Strandgenossen;
Man will ein Kinderhospiz errichten,
»Sie könnten einen Prolog uns dichten.«
Allgemeines heitres Sich-Anbequemen,
Ein Unterschied ist nicht wahrzunehmen.

So der Sommer; er hat sein Bestes getan,
Aber nun bricht der Winter an.

Beim Botschafter S. ist Gala-Fête,
Dein Spill-Freund ist mit an der Tête,
Noch schützt dich die bergende Fensternische,
Jetzt aber gilt es, jetzt geht es zu Tische,
Du sitzt vis-á-vis ihm, es trifft dich sein Gruß,
Davor dein Herz ersteinen muß.
Es wundert sein Chef sich, sein Kollege,
Die Badebekanntschaft ist plötzlich im Wege,
Von dem, mit dem du den Seehund umstanden,
Von dem »sommerlichen« ist nichts mehr vorhanden,
Statt seiner der »winterliche« ... Du frierst.
Suche, daß du dich rasch verlierst.

1885/89 / Gedichte I, S. 36 f.

Die Jagd nach dem Glück

Die große Stadt hat nicht Zeit zum Denken, und was noch schlimmer ist, sie hat auch nicht Zeit zum Glück. Was sie hunderttausendfältig schafft, ist nur die »Jagd nach dem Glück«, die gleichbedeutend ist mit dem Unglück. Unter meinen nächsten Bekannten sind ein paar solche Jäger, alte Herren, ihre Ehegesponse natürlich an der Spitze. Es ist ein Jammeranblick. Natürlich sind es Geheimeräte, die nun also längst das sind, was sie werden konnten. Aber die Jagd geht *gewohnheitsmäßig* weiter; Titel und Orden können es nicht mehr sein, und so ist denn aus der Jagd eine ganz triviale »Rennerei« geworden, eine Rennerei nach Quartett-Konzerten, nach Premieren, nach Bazaren, wo die Kronprinzeß *vielleicht* erscheint, nach Prinzessinnen-Trousseaus, nach Cumberland, nach Stanley, nach einer Kögelschen Trauung. Alles zum Lachen, wenn es nicht zum Weinen wäre.

An Georg Friedlaender, Berlin, 21. Dezember 1884

Heuchelnde Geheimräte

Wie haben sich die Dinge seit den »Einmauerungen« und »In-den-Sack-Stecken« [von Ehebrecherinnen] geändert, und sie werden sich weiter ändern. Empörend ist die Haltung einiger Zeitungen [zu »Stine«], deren illegitimer Kinderbestand weit über ein Dutzend hinausgeht (der Chefredakteur immer mit dem Löwenanteil) und die sich nun darin gefallen, mir »gute Sitte« beizubringen. Arme Schächer! Aber es finden sich immer Geheimräte, sogar subalterne, die solcher Heuchelei zustimmen.

An Sohn Theodor, Krummhübel, 8. September 1887

Schiller sagen, Gerson meinen

Schon längst hätte ich Dir mal wieder geschrieben, wenn ich nicht, und zwar mit immer steigendem Eifer, mit der Zuendeführung meines neuen Romans beschäftigt gewesen wäre. Nun ist er, im Brouillon fertig, vorläufig beiseite geschoben. Titel: »Frau Kommerzienrätin oder Wo sich Herz zum Herzen findt«. Dies ist die Schlußzeile eines sentimentalen Lieblingsliedes, das die 50jährige Kommerzienrätin im engeren Zirkel beständig singt und sich dadurch Anspruch auf das »Höhere« erwirbt, während ihr in Wahrheit nur das Kommerzienrätliche, will sagen viel Geld, das »Höhere« bedeutet. Zweck der Geschichte: das Hohle, Phrasenhafte, Lügnerische, Hochmütige, Hartherzige des Bourgeoisstandpunkts zu zeigen, der von Schiller spricht und Gerson meint.

An Sohn Theodor, Berlin, 9. Mai 1888

Schillerpreis

Ende April [1891] erfahre ich, daß ich den »Schillerpreis« erhalten habe, was mich natürlich sehr erfreut, vielleicht am meisten wegen der 3000 Mark; denn mit der Ehre ist es so; im Publikum sind einige (auch nicht viele), die's mir gönnen, unter den Kollegen eigentlich keiner; jeder betrachtet es als eine Auszeichnung, die meinen Anspruch darauf übersteigt. Wenn man sich auch noch so niedrig taxiert, macht man immer wieder die Wahrnehmung, daß es doch noch zu hoch war und daß man in der allgemeinen Schätzung noch niedriger steht. Nun, auch gut. Alles ist nicht Schwindel, aber doch das meiste.

Tagebuch, 1891

Noch einmal Schillerpreis

Am Sonntag empfing ich ein kultusministerielles Schreiben, und schon am Dienstag holte ich mir meinen Schillerpreis in bar. Der Geheimrat, der mir die 3000 Mark behändigte, war sehr artig, aber wenn mich nicht alles täuschte, stand ein »na, na« auf seiner Stirn. Der Berliner zweifelt immer. Ich gönne ihm seinen Zweifel und bin froh, daß *Du* ihn nicht geteilt hast. [...] Übrigens bin ich bereits so weit runter oder vielleicht auch so weit vorgeschritten, daß mir die Geldsumme fast mehr bedeutet als die Ehre. Was wird nicht alles geehrt. Ich berechne mir jetzt die Zinsen für meine alte Frau und sage schmunzelnd: »50 Taler mehr sind nicht übel.«

An Paul Heyse, Berlin, 23. April 1891

Haß auf den Bourgeois

Friedlaender ist eitler und äußerlicher, aber trotz dieses Gewichtlegens auf gutsitzende Hosen etc. doch viel *unbourgeoishafter*, ein Vorzug, der mir, je älter ich werde, immer mehr bedeutet. Ich hasse das Bourgeoishafte mit einer Leidenschaft, als ob ich ein eingeschworner Sozialdemokrat wäre. »Er ist ein Schafskopf, aber sein Vater hat ein Eckhaus«, mit dieser Bewundrungsform kann ich nicht mehr mit.

An Tochter Martha, Wyk, 25. August 1891

Kunst ist nichts, Geheimrat ist alles

Allerdings, wenn man so Umschau hält, kann einen der Menschheit ganzer Jammer anfassen. Ich spreche natürlich nur von Deutschland. Seit Keller und Storm tot sind, welche Dürftigkeit! Und so wenig Aussicht auf Besserwerden. Liegt es daran (Menzel hat es oft behauptet), daß der Deutsche von Natur kunstfremd ist, oder beherrscht der Borussismus alle Gemüter derartig, daß auch die Klugen und Talentvollen wie von selbst in den Strom der Staatlichkeit einmünden? Kunst ist nichts, Geheimrat ist alles. Eine Mißachtung liegt hierlandes über dem ganzen Metier, und man läßt es nur dann notdürftig gelten, wenn es sich zur Parteischuhputzerei herabwürdigt. Dazu – als Schuld auf unsrer eignen Seite – das à tout prix Geldverdienen wollen, möglichst rasch und möglichst viel.

An Ernst Heilborn, Berlin, 17. November 1896

Geldsackgesinnung

Denn der Bourgeois, wie ich ihn auffasse, wurzelt nicht eigentlich oder wenigstens nicht ausschließlich im Geldsack; viele Leute, darunter Geheimräte, Professoren und Geistliche, Leute, die gar keinen Geldsack haben oder einen sehr kleinen, haben trotzdem eine *Geldsackgesinnung* [...] Alle geben sie vor, Ideale zu haben; in einem fort quasseln sie vom »Schönen, Guten, Wahren« und knicksen doch nur vor dem Goldnen Kalb, entweder, indem sie tatsächlich alles, was Geld und Besitz heißt, umcouren oder sich doch heimlich in Sehnsucht danach verzehren. Diese Geheimbourgeois, diese Bourgeois ohne Arnheim [Geldschrank], sind die weitaus schrecklicheren, weil ihr Leben als eine einzige große Lüge verläuft.

1898 / »Von Zwanzig bis Dreißig«, Abschn. »Berlin 1840«, Kap. 1

»An der Themse wächst man sich anders aus als am Stechlin«

Weltläufigkeit und Welthaltigkeit – war Fontane ein märkischer Europäer?

Merkmale eines Weltreisenden

Wer heutzutage ein gereister Mann sein will, muß in China Tee getrunken und echte Nanking-Hosen getragen haben; muß in Australien Goldbuddler und in Californien ausführendes Mitglied der Lynchjustiz gewesen ein; muß die Größenunterschiede eines Patagoniers und Lappländers aus Anschauung kennen und die Guano-Inseln im Stillen Ozean durch einen tüchtigen Beitrag bereichert haben. Wer weniger gesehn hat, kann gleich lieber ruhig zu Hause bleiben und, wenn mal renommiert werden soll, sich umgekehrt damit brüsten: nie über Rixdorf hinausgekommen zu sein.

Tagebuch, London, 30. Mai 1852

Renommiert mit europäischen Klischees

Der Zauber Londons ist – seine *Massenhaftigkeit.* Wenn Neapel durch seinen Golf und Himmel, Moskau durch seine funkelnden Kuppeln, Rom durch seine Erinnerungen, Venedig durch den Zauber seiner meerentstiegenen Schönheit wirkt, so ist es beim Anblick Londons das Gefühl des Unendlichen, was uns überwältigt – dasselbe Gefühl, was uns beim ersten Anschauen des Meeres durchschauert. Die überschwengliche Fülle, die unerschöpfliche Masse – das ist die eigentliche Wesenheit, der Charakter Londons.

»Ein Sommer in London«, Von Gravesend bis London / 1854

Britische Kolonialpolitik

Indien, wie Sie bemerken, ist wirklich ein interessantes Kapitel; aber ich kann mich durchaus nicht bis zur Entrüstung erheben und bin sehr froh, daß unsre Regimenter nur Staub zu schlucken anstatt Hindublut zu trinken haben. Ich lese die Schilderungen, wie man eine stoffreiche Erzählung liest, es interessiert halbwege, aber es ist Neuigkeitsfutter, nicht Herzensnahrung. Ich bleibe kühl und nüchtern dabei. In Mecklenburg kam es vor 20 Jahren vor, daß sich ein ganzes Dorf gegen den Amtmann verschwor, der ihnen ein Vierteljahrhundert hindurch jede erdenkliche Unbill angetan hatte. Er hieß Haberland und gehörte einer Familie von lauter kleinen Tyrannen an. Die Bauern zerstörten ihm endlich das Haus, tranken seinen Wein aus, entkleideten ihn und ließen ihn, während sie zechten, immer 10 Minuten lang auf Glas tanzen, gönnten ihm hinterher eine Stunde Ruhe und ließen ihn dann den blutigen Tanz aufs neue beginnen. Diese Geschichte hat nie großen Eindruck auf mich gemacht. Warum nicht? weil sich Schuld und Strafe in ihr neutralisieren und Mitleid und Rechtsgefühl sich so völlig die Waage halten, daß das Gemüt in Ruhe und Balance bleibt. Ganz so ist es mit den Vorgängen in Indien [Sepoy-Aufstand]. Man hat ein Volk, das, in ähnlicher Weise wie die Italiener, Anspruch auf unsre Sympathien, auf Bewunderung ihrer hohen Geistesgaben hat, oft mit Brutalität, immer aber mit stupider Selbstüberschätzung niedergetreten, und ich freue mich stets, wenn in Fällen solcher oder ähnlicher Unbill der Rückschlag kommt und wenn die getretne Schlange siegreich nach jener Stelle zischt, wo die überlegne, aber rohe Kraft verwundbar geblieben ist. [...] Mein Herz jubelt stets, wenn ein getretnes Volk, Christ oder Heide, seine Bedrücker niederwirft. Ich verkenne auf der andern Seite nicht, daß Männer und Völker ihre großartig-mörderischen Missionen haben. Ich sympathisiere mit dem Widerstand der alten Sachsen, aber ich habe gleicherzeit Respekt vor jenem Kaiser Carol, der mit Blut und Feuer taufte. *Das war seine Mission.* Diese englische Kattun-Mission aber, mit etwas spackem Christentum und Unzucht und Opiumkisten, mag auch ein Werkzeug in der Hand des Höchsten sein, aber ich kann mich ebensowenig dafür begeistern wie für die Taten des Schweinetreibers und Quartanerhelden Pizarro. Wenn man älter wird, denkt man gering von diesen Schlagetots.

An Henriette von Merckel, London, 20. September 1857

Das Trauerspiel von Afghanistan

Der Schnee leis stäubend vom Himmel fällt,
Ein Reiter vor Dschellalabad hält,
»Wer da?« – »Ein britischer Reitersmann,
Bringe Botschaft aus Afghanistan.«

Afghanistan! er sprach es so matt;
Es umdrängt den Reiter die halbe Stadt,
Sir Robert Sale, der Kommandant,
Hebt ihn vom Rosse mit eigener Hand.

Sie führen ins steinerne Wachthaus ihn,
Sie setzen ihn nieder an den Kamin,
Wie wärmt ihn das Feuer, wie labt ihn das Licht,
Er atmet hoch auf und dankt und spricht:

»Wir waren dreizehntausend Mann,
Von Kabul unser Zug begann,
Soldaten, Führer, Weib und Kind,
Erstarrt, erschlagen, verraten sind.

Zersprengt ist unser ganzes Heer,
Was lebt, irrt draußen in Nacht umher,
Mir hat ein Gott die Rettung gegönnt,
Seht zu, ob den Rest ihr retten könnt.«

Sir Robert stieg auf den Festungswall,
Offiziere, Soldaten folgten ihm all,
Sir Robert sprach: »Der Schnee fällt dicht,
Die uns suchen, sie können uns finden nicht.

Sie irren wie Blinde und sind uns so nah,
So laßt sie's *hören*, daß wir da,
Stimmt an ein Lied von Heimat und Haus,
Trompeter, blast in die Nacht hinaus!«

Da huben sie an und sie wurden's nicht müd,
Durch die Nacht hin klang es Lied um Lied,
Erst englische Lieder mit fröhlichem Klang,
Dann Hochlandslieder wie Klagegesang.

Sie bliesen die Nacht und über den Tag,
Laut, wie nur die Liebe rufen mag,
Sie bliesen – es kam die zweite Nacht,
Umsonst, daß ihr ruft, umsonst, daß ihr wacht.

Die hören sollen, sie hören nicht mehr,
Vernichtet ist das ganze Heer,
Mit dreizehntausend der Zug begann,
Einer kam heim aus Afghanistan.

1858 / Gedichte I, S. 160 f.

Impression in Dänemark

Bald nach 5 im *Fährkrug von Missunde.* Der nette Mann, die noch nettere Frau, völlig gebildet, mit einer Sprechweise, wie sie unsre Exzellenzen sehr oft nicht haben. Alles sauber: Stube, Küche. Das Dachzimmer, wo die Granate einschlug und durchging durch das Bett des Mannes in der drunter befindlichen Stube.

Reisetagebuch Dänemark, 22. Mai 1864

Ausgewogene Ehrenerklärung für die »Czechen«

Die Höfe [in Horsitz] auch alle über einen Leisten. Breiter Flur, links das große Gastzimmer, rechts die ebenso große offenstehende Küche, in die jeder (wie zu seiner Sicherheit) Einblick nehmen kann. Hier kocht es, backt es, brät es den ganzen Tag, und ein Chaos von Gerüchen, zu denen sich vielfach noch unliebsamere gesellen, durchzieht das Haus. Die Unreinlichkeit ist groß; an ruhige Nächte ist gar nicht zu denken, und wer heikel ist und auf weiß Linnen hält, der bleibe fern. Andrerseits hat das bunte, laute, wüste Treiben einen Reiz; die Gekniffenheit, die man in den großstädtischen Hotels empfindet, fällt fort, man ist der Herr und empfindet sich wohltuend als solcher, während man in den großen Hotels Westeuropas für teures Geld nur geduldet wird. Körperlich hat man allerhand Ungemach durchzumachen, aber innerlich empfindet man ein gewisses Behagen. Auch ist die Verpflegung nicht schlecht, nirgends kärglich, nirgends auf den bloßen Schein berechnet. Was man kriegt, das kriegt man wirklich und nicht nur dem Namen nach. Die Vorzüge feinerer Kultur fehlen, aber auch ihre Schattenseiten und Langweiligkeiten. Der Kaffe und das Gebäck (Kipfel) sind gut, ebenso das Wasser, das noch nicht nach der benachbarten Senkgrube schmeckt, und die Fleischspeisen, namentlich Geflügel, sind schmackhaft. Die Bevölkerung ist angenehm im Verkehr, und die Dankbarkeit gegen jede Gabe, wenn sie auch oft den Charakter des Servilen und Sklavischen annimmt, ist mindestens *angenehmer* als die Haltung des großstädtischen Dieners, der, wenn man ihm ein Trinkgeld gibt, nur von dem einen Gefühl erfüllt ist: hätt er dir nicht das Doppelte geben können. Man sagt: sie seien falsch und tückisch. Es kann sein, ich habe aber nichts davon bemerkt. Sie geben einem einen Trunk Wasser, sie zeigen einem den Weg, sie grüßen beim Begegnen, sie sind zu jeder Auskunft und kleinen Hilfeleistung bereit; dabei alles in feine, natürlich-graziöse Formen gekleidet.

Reisetagebuch Böhmen 1866

Vorbild wahrhaft feiner Sitte bei den Franzosen

Sie [die Franzosen] sind plapprig, aufschneidrig, mit dem Munde vorweg, müssen scharf angefaßt werden, sind schlechte Politiker. Aber nichts ist komischer, als ihnen das Leben absprechen zu wollen. Sie waren liederlich zu Franz I. Zeiten, zur Zeit der Regence, und sind es noch. Es sollte schwer werden nachzuweisen, daß sie physisch heruntergekommen sind. Sie sind tapfer, haben sich superb geschlagen, sind klug, findig, intelligent, man findet zahllose starke gesunde Leute, die Frauen sind fleißig, sehen nach dem Rechten, halten alles zusammen und sind physisch ganz und gar nicht herunter. Im Gegenteil. Sie haben ihre nationalen Fehler, gewiß, aber die hatten sie immer, das ist eins, und das zweite ist: wer hat sie nicht? Wer nicht bloß die Oberfläche französischen Lebens kennengelernt hat, wer in die Lage gekommen ist, auf Schlössern, in Herrenhäusern, bei den Maires oder den alten Familien, was wir Patriot nennen würden, zu leben, an ihrer Tafel zu essen, mit ihnen zu plaudern, Einblick zu gewinnen in ihr soziales und ihr häusliches Leben, der wird nicht umhin können, mit Hochachtung davon zu sprechen und in dem Ton, der in solchen Häusern herrscht, immer noch ein Vorbild wahrhaft feiner Sitte zu erkennen.

Reisetagebuch Frankreich 1871

Trost in Afrika

Heute läuft alles mit »Kornblumen« im Knopfloch herum [der Lieblingsblume des Kaisers]. Es ist eine lederne Blume, *bloß* blau, ohne Duft, ohne Schönheit, ohne Poesie. So recht wie geschaffen für uns; irgendwo müßte sie noch einen roten Hosenstreifen haben. Zahllose langbeinige Lieutenants, mit ihrem mephistohaften langen Krötenspieß an der Seite, die ganzen Kerle überhaupt wie hagre, karikierte Spanier aussehend, laufen in der Potsdamer Straße auf und ab und zwingen mich wieder zu einem beständigen Kopfschütteln. Und das findet man fein und schön! Ich habe kein Organ für all dies Wesen, und mir wird immer erst wieder wohl, wenn ich von 10 bis 3 Uhr nachts mit meinem Freunde Stanley um den Victoria-Nyanza-See herumfahre und in der Schilderung seiner Erlebnisse die Stimme der Natur zu hören glaube [in dem Buch »Quer durch Afrika«]. Da ich meine Orden schon vor 10 Jahren nur für den Zahnarzt hatte, so kannst Du nicht sagen, daß dies alles bloß Anwandlungen oder gar Verstimmungen seien. Im Gegenteil: Ich fühle mich sehr wohl dabei.

An Frau Emilie, Berlin, 11. Juni 1879

Weltbürgerliche Attitüde

Daß *Du* Dich in dieser Frage beruhigt zu haben scheinst [Tochter Martha wollte eine Amerikanerin in die USA begleiten], ist mir hoch erfreulich; man kann seine Kinder nicht lebenslang an der Schürze haben, was flügge ist, will fliegen, und schließlich, und nicht zum kleinsten Trost, es gibt keine Entfernungen mehr. Bis New York ist nicht schlimmer als dreimal nach London, und bis S. Francisco doubliert die Sache noch mal. C'est tout. Die Welt ist aus dem Engen heraus, und man hat keine andre Heimat mehr als die Erde; Greiz, Schleiz, Lobenstein sind abgelöst und selbst »Mark Brandenburg« [...]

An Frau Emilie, Krummhübel, 6. August 1884

Amerikanismus

»[...] Pardon, ich sehe Sie lächeln.«
»Ja, doch ist es ein Lächeln, das einer ganz unpersönlichen Betrachtung gilt.«
»Und welcher, wenn ich fragen darf?«
»Der Betrachtung eines beständig fortschreitenden Amerikanismus, eines eigentümlich freiheitlichen Entwicklungsganges, den zu verfolgen seit Jahr und Tag meine Passion ist. Ein solcher Appell an Gesinnung und Ehre, nicht bloß vom Standpunkte landläufiger Moral, sondern von einem Standpunkte der Ebenbürtigkeit aus, das stammt alles von drüben, das ist modern, das ist amerikanisch. Und jede neue Wahrnehmung davon erquickt mich.«
»Ich mag Ihnen nicht widersprechen, war aber bisher umgekehrt des Glaubens, die neue Welt lebe von Errungenschaften der alten.«
»In Nebensachen, ja. Ganze Pilgerzüge von drüben überschwemmen die paar Inseln und Halbinseln, die sich Europa nennen, und überall begegnet man ihnen, in Dresden vor der Sixtinischen, in Rom vor dem Papst und in Oberammergau vor dem gekreuzigten Christus. Ja, da stehen sie zu Hunderten und Tausenden und starren und gaffen und kritzeln ihre Notizen in ihre »Guides« und »Handbooks« und am Abend alles noch mal in ihre Tagebücher. Aber was bedeutet es? Unser altes Europa hat den Charakter einer Reisesehenswürdigkeit angenommen, wie Troja, wie Mykenä, wie die Pyramiden, und man bewundert, von Station zu Station, alte Schlösser und alte Kirchen, alte Waffen und alte Bilder und schließlich auch alte Menschen. Denn ein Provinzial- oder Kreistags-Deputierter, auch wenn er erst dreißig Jahre zählt, was ist er anders als ein alter Mensch?«
Es schien, daß seine Reisegefährtin antworten wollte. Er aber übersah es oder wollte es übersehen und fuhr seinerseits fort: »Ich sage das alles von einem gewissen amerikanischen Standpunkte aus, den ich, noch eh ich die neue Welt betreten, schon ganz aufrichtig zu dem meinigen gemacht habe. Deutschland,

Italien, das alles ist den Leuten drüben ein bloßer Ausstellungspark geworden, eine Kunstkammer, ein archäologisches Museum, und ich würde, wenn sich's für Amerika um eine symbolische Darstellung unseres alten Europa handelte, Schliemann und Frau, mit dem Ausgrabungsspaten in der Hand, in Vorschlag bringen. Dabei trifft es sich glücklich, daß Schliemann ein Mecklenburger ist. Alles alt, alt. Auch das noch Unverschüttete wirkt schon wie ausgegraben. Zum Studium interessant, aber was frommt es dem lebendigen Leben? Und nun vergleichen Sie damit den Einfluß Amerikas auf *uns*. Unsere Daseinslust hat es auf der einen Seite gesteigert und das Elend, das aller Menschen Erbteil ist, hat es auf der anderen Seite, wenn nicht zum Schweigen gebracht, so doch eingelullt. Es bedeutet etwas und ist mindestens ein sinnreicher Zufall, daß wir der neuen Welt alle Mittel verdanken (oder doch die besten und wirkungsvollsten unter ihnen), unseren physischen Schmerz zu stillen. Und in der Geisteswelt ist es kaum anders. Amerika, wie viel es uns schulden mag, hat ein Recht, uns zuzurufen: 'Unser Schuldbuch ist zerrissen.'«

»Im Coupé« (1884) aus der Sammlung »Von vor und nach der Reise« (1894)

Lob der nördlichen Küstenstriche

Du wirst noch weiterhin die Wahrnehmung machen, daß alles, was an dem Küstenstriche von Nord- und Ostsee liegt, viel schöner, reicher, feiner ist als das Binnenland, ganz besonders als die Provinz Brandenburg, die nun mal – so lieb ich sie habe – den alten Popelinski-Charakter noch immer nicht loswerden kann. An der Küste hin schmeckt alles nach England, Skandinavien und Handel, in Brandenburg und Lausitz schmeckt alles nach Kiefer und Kaserne.

An Sohn Friedrich, Krummhübel, 6. Juni 1885

John Maynard

John Maynard!

»Wer ist John Maynard?«

»John Maynard war unser Steuermann.
Aus hielt er, bis er das Ufer gewann,
Er hat uns gerettet, er trägt die Kron,
Er starb für uns, unsre Liebe sein Lohn.
John Maynard.«

Die »Schwalbe« fliegt über den Erie-See,
Gischt schäumt um den Bug wie Flocken von Schnee,
Von Detroit fliegt sie nach Buffalo –
Die Herzen aber sind frei und froh,
Und die Passagiere, mit Kindern und Fraun,
Im Dämmerlicht schon das Ufer schaun,
Und plaudernd an John Maynard heran
Tritt alles: »Wie weit noch, Steuermann?«
Der schaut nach vorn und schaut in die Rund;
»Noch dreißig Minuten ... Halbe Stund.«

Alle Herzen sind froh, alle Herzen sind frei –
Da klingt's aus dem Schiffsraum her wie ein Schrei,
»Feuer« war es, was da klang,
Ein Qualm aus Kajütt und Luke drang,
Ein Qualm, dann Flammen lichterloh,
Und noch zwanzig Minuten bis Buffalo.

Und die Passagiere, buntgemengt,
Am Bugspriet stehn sie zusammengedrängt,
Am Bugspriet vorn ist noch Luft und Licht,
Am Steuer aber lagert sich's dicht,
Und ein Jammern wird laut: »Wo sind wir? wo?«
Und noch fünfzehn Minuten bis Buffalo.

Der Zugwind wächst, doch die Qualmwolke steht,
Der Kapitän nach dem Steuer spät,
Er sieht nicht mehr seinen Steuermann,
Aber durchs Sprachrohr fragt er an:
»Noch da, John Maynard?«
        »Ja, Herr, ich bin.«
»Auf den Strand. In die Brandung.«
        »Ich halte drauf hin.«
Und das Schiffsvolk jubelt: »Halt aus. Hallo.«
Und noch zehn Minuten bis Buffalo.

»Noch da, John Maynard?« Und Antwort schallt's
Mit ersterbender Stimme: »Ja, Herr, ich halt's.«
Und in die Brandung, was Klippe, was Stein,
Jagt er die »Schwalbe« mitten hinein,
Soll Rettung kommen, so kommt sie nur *so*.
Rettung: der Strand von Buffalo.

Das Schiff geborsten. Das Feuer verschwelt.
Gerettet alle. Nur *einer* fehlt!

Alle Glocken gehn, ihre Töne schwelln
Himmelan aus Kirchen und Kapelln,
Ein Klingen und Läuten, sonst schweigt die Stadt,
Ein Dienst nur, den sie heute hat:
Zehntausend folgen oder mehr,
Und kein Aug im Zuge, das tränenleer.

Sie lassen den Sarg in Blumen hinab,
Mit Blumen schließen sie das Grab,
Und mit goldner Schrift in den Marmorstein
Schreibt die Stadt ihren Dankspruch ein:
»Hier ruht John Maynard. In Qualm und Brand
Hielt er das Steuer fest in der Hand,
Er hat uns gerettet, er trägt die Kron,
Er starb für *uns*, unsre Liebe sein Lohn.
John Maynard.«

1885 / Gedichte I, S. 168 ff.

Das »Himmlische Reich« erstaunlich nah

[Nachdem Fontane vergeblich versucht hatte, das Gelände der chinesischen Gesandtschaft näher zu inspizieren, kehrt er in der Konditorei Josty ein], um mich, nach all den Anstrengungen meiner Entdeckungsreise, durch eine Tasse Kaffee zu kräftigen. Es war ziemlich voll unter dem Glaspavillon oben, und siehe da, neben mir in hellblauer Seide saßen jetzt zwei *Chinesen*, ihre Zöpfe beinah kokett über die Stuhllehne niederhängend. Der jüngere, vielleicht erratend, von welchen chinesischen Attentaten ich herkam, sah mich schelmisch freundlich an, so schelmisch, wie nur Chinesen einen ansehen können, der ältere aber war in seine Lektüre vertieft, nicht in Kon-fut-se, wohl aber in die Kölnische Zeitung. Und als nun die Tasse kam und ich das anderthalb Stunden lang vergeblich gesuchte Himmlische Reich so bequem und so gemütlich neben mir hatte, dacht ich meiner Platenschen Lieblingsstrophe:

Wohl kommt Erhörung oft geschritten
Mit ihrer himmlischen Gewalt,
Doch *dann* erst hört sie unser,
Wenn unser Bitten lang verhallt.

»Auf der Suche« (1889) aus der Sammlung »Von vor und nach der Reise« (1894)

Die Balinesenfrau auf Lombok

Unerhört,
Auf Lombok hat man sich empört,
Auf der Insel Lombok die Balinesen
Sind mit Mynheer unzufrieden gewesen.

Und die Mynheers faßt ein Zürnen und Schaudern,
»Aus mit dem Brand, ohne Zögern und Zaudern«,
Und allerlei Volk, verkracht, verdorben,
Wird von Mynheer angeworben,
Allerlei Leute mit Mausergewehren
Sollen die Balinesen bekehren,
Vorwärts, ohne Sinn und Plan,
Aber auch planlos wird es getan,
Hinterlader arbeitete gut,
Und die Männer liegen in ihrem Blut.

Die Männer. Aber groß anzuschaun
Sind da noch sechzig stolze Fraun,
All eingeschlossen zu Wehr und Trutz
In eines Buddha-Tempels Schutz.
Reichgekleidet, goldgeschmückt,
Ihr jüngstes Kind an die Brust gedrückt,
Hochaufgericht't eine jede stand,
Den Feind im Auge, den Dolch in der Hand.

Die Kugeln durchschlagen Trepp und Dach,
»Wozu hier noch warten, feig und schwach?«
Und die Türen auf und hinab ins Tal,
Hoch ihr Kind und hoch den Stahl
(Am Griffe funkelt der Edelstein),
So stürzen sie sich in des Feindes Reihn,
Die Hälfte fällt tot, die Hälfte fällt wund,
Aber jede will sterben zu dieser Stund,
Und die Letzten, in stolzer Todeslust,
Stoßen den Dolch sich in die Brust.

Mynheer derweilen, in seinem Kontor,
Malt sich christlich Kulturelles vor.

1895 / Gedichte I, S. 65 f.

Britannia an ihren Sohn John Bull

»Sohn, hier hast du meinen Speer,
Nimm dir viel und dann noch mehr;
Daß die Meere dir gehören,
Brauch ich dir nicht erst zu schwören,
Aber auch die Terrafirmen
Mußt du Christi willn beschirmen,
Christi willn und cottons wegen,
Our navy gibt den Segen.
Denk und woll es nie vergessen:
Wo sie jetzt noch Menschen fressen
Und in ihren nackten Leibern
Tanzen mit noch nacktern Weibern,
Auch an solchen schlimmsten Stellen
Braucht man nächstens sieben Ellen.
Endlich muß die Stunde schlagen,

Wo auch *diese* Hosen tragen,
Und auf hundert Hosenpaare
Kommen fünfzig Missionare,
Nebenher wird Gold gegraben –
Andre mögen andres haben,
Andre mögen andres nehmen
Und du darfst es nicht verfemen,
Wenn am Nordpol sie versaufen
Oder auch bloß Schlittschuh laufen.«

1891/97 / Gedichte I. S. 71 f.

Hinterm Berg wohnen auch Leute

Papa sitzt nun seit richtigen dreißig Jahren in seinem Ruppiner Winkel fest, der Graf [Barby] war ebensolange draußen! Ein Botschaftsrat ist eben was andres als ein Ritterschaftsrat, und an der Themse wächst man sich anders aus als am »Stechlin« – unsern Stechlin dabei natürlich in Ehren. [...] Er [Papa] hat keine Spur von Selbstsucht. Und diesen schönen Zug (ach, so selten), den hat auch der alte Graf. Nebenher freilich ist er Weltmann, und das gibt dann den Unterschied und das Übergewicht. Er weiß – was sie hier-zulande nicht wissen oder nicht wissen wollen –, daß hinterm Berge auch noch Leute wohnen. Und mitunter noch ganz andre.

1898 / Woldemar von Stechlin in seinem Tagebuch, »Der Stechlin«, Kap. 12

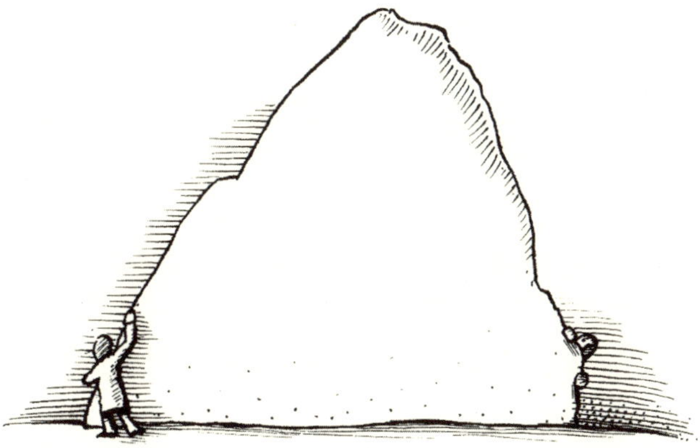

»So müssen Weiber sein«
Frauenschwärmer und Ehemann

In das Stammbuch einer Dame

Was ist aus Dichtern schon alles geworden?
Hofräte, mit und ohne Orden; –
Mir aber scheint der Preis auf Erden:
»Von Frauenherzen verstanden zu werden.«

1853 (?) / Gedichte III, S. 45

James Monmouth

(Zu Paul Heyses Polterabend, 14. Mai 1854)

Ich heiße James Monmouth, und bin der Sohn
Karl Stuarts und Lucy Walters',
Ich wurde geköpft vor Jahren schon,
Das war so Mode vor alters.

Meine Mutter liebte Vatern sehr,
Und sie küßten sich unter 'ner Buche,
Sie sahn sich oft und dann nicht mehr
Und stehn nicht im Kirchenbuche.

Und das ist mein Pech, Potzsapperment,
Daß sie nie die Ringe gewechselt,
So hieß ich zeitlebens ein »Prätendent«,
Bis den Kopf sie mir abgedrechselt.

Ich hab es bezahlt mit meinem Blut
Und fühle noch das Messer –
Und die Moral, die lautet: *Ja, Lieb' ist gut,*
Doch die Ehe, die ist besser.

1854 / Gedichte III, S. 52 f.

Frühere Leidenschaft

Von den Bräutigams aller Grade zu mir selbst und der Familie groß und klein. Ich kann zunächst eine gewisse Befriedigung darüber nicht unterdrücken, daß ich mit Gottes Hilfe *kein* Bräutigam mehr bin. Emilie unterhält mich jetzt dann und wann von meiner frühren Leidenschaft, von meinem arabischen Feuer und der erhabenen Glut meiner Gefühle. Mir ist dann immer, als erzähle sie von irgendeinem Schah oder Sultan, der auf der Ottomane ruhend reizende Töchter von Circassien den Selam tanzen läßt und, wenn Achme und Zuleika fertig sind, »frische Pferde« bestellt. So hat man die Märchen aus »Tausendundeiner Nacht« durchlebt, ohne es recht zu wissen, und hat eigentlich keine Ahnung davon, daß man auch mal ein Kerl bei der Spritze war. Es ist auch recht gut; eigentlich werd ich immer verlegen, wenn ich von meiner glorreichen Vergangenheit in der Liebe höre. Die Hauptsache ist, daß ich mich bei mehr Ruhe wirklich um ein Erkleckliches wohler fühle und Selterwasser weit über Champagner stelle. Emilien muß ich sehr loben; es geht viel besser, als ich dachte, und selbst körperliche Verstimmungen wirken nicht mehr so auf ihr Gemüt und ihr Urteil, als das früher der Fall war. Die Kinder sind unsre Freude.

An die Mutter, London, 14. Dezember 1857

Wechselvolle Nächte

Erlebt hab ich in diesen Tagen wenig oder gar nichts, ich ging und kam, arbeitete (Thaer-Denkmal), trank Tee und ging zu Bett. Glücklicherweise störte mich auch niemand. So gleichförmig die Tage waren, so abwechslungsreich waren die Nächte. Vorgestern nacht schlief Martha so unruhig, daß ich's zuletzt nicht länger aushalten konnte und Mathilden wecken mußte. Mehr in die Schleier der Nacht als in sonstige starke Hüllen gekleidet, packten wir an, quetschten uns mehrere Finger und trugen die Bettstelle in Mathildens Stube. Dieser kleine Umzug hat aber wenig zu bedeuten und gibt Dir nur eine geringe Vorstellung von dem bunten Wechsel dieser Nächte. Am Sonntag schlief ich noch an alter Stelle und unter den alten gesicherten Verhältnissen, wenn man ein Liegen auf Sprungfedern, die alle auf dem Punkt stehn, einem ihre Spitzen in den Leib zu bohren, noch »gesicherte Verhältnisse« nennen kann. Schon am Montag änderte sich die Sache. Der Tapezierer hatte meine Matratze abgeholt, und so zog ich denn in *Dein* Bett – meine Bettstelle wie einen Rahmen, in dem das Bild und das Glas fehlt, neben mir. Es hatte etwas Schauerliches, Abgrundhaftes, aber die Kute der alten wackern Matratze, in der ich sicher wie in einem Troge lag, enthob mich wenigstens des Gefühls einer drohenden Gefahr. Auch dies sollte anders werden. Am Dienstag kehrte meine

Matratze zurück, ohngefähr so wie Du von Deiner schlesischen Reise – jung und dick geworden –, und *Deine* Matratze wanderte nunmehr den Weg des Tapeziers. So kam der Dienstagabend; ich bestieg mein Lager ahnungslos; den Bettstellen-Abgrund, den ich am Abend vorher zur Linken gehabt hatte, hatt ich nun zur Rechten, und gefahrlos wie ich die vorige Nacht am Abgrund geschlafen hatte, hoffte ich diese Nacht wieder schlafen zu können. Aber da hatt ich die Rechnung ohne den Wirt gemacht. Während ich die Nacht vorher auf der alten Matratze wie in einem sichren Troge gelegen hatte, lag ich jetzt auf der strammen, neuen Matratze wie auf einem *umgestülpten* Troge, jeden Augenblick in Gefahr, von der Rundung herunterzukollern. Endlich stellt' ich den Nachttisch in die Höhle hinein, um eine Art Gegenhalt zu gewinnen, und so vor dem äußersten gesichert, schlief ich ein. Seit gestern abend ist auch Deine Matratze wieder zurück, und der Abgrund hat sich geschlossen. Die Matratzen selbst sind aber durch die neue Polsterung so hoch geworden, daß ich gestern das Gefühl hatte, ich stiege in eine Art von Hängeboden oder schliefe in einer zweiten Etage. Du wirst einräumen, daß ich von wirklichen Nacht-Erlebnissen sprechen und die Einförmigkeit der Tage schon ertragen kann, wenn die Nächte so viel Wechsel bieten.

An Frau Emilie, Berlin, 31. Juli 1862

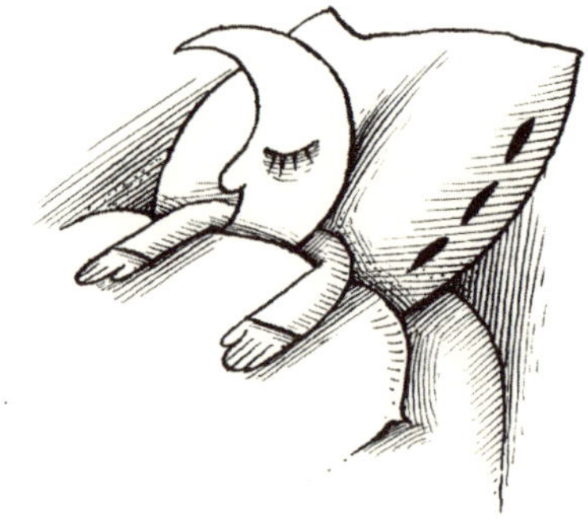

Frauenstudien in Kopenhagen

Über die Frauen habe ich noch nicht gesprochen; ich hole es jetzt nach. Ich hatte imposante Nordlandsgestalten, Fingalstöchter, ossianische Schönheiten erwartet und war in den ersten Tagen erschrocken, von alledem so ziemlich das Gegenteil vorzufinden. Schließlich hat sich das Urteil günstiger gestellt, wiewohl ich auch jetzt noch versichern darf, während meines ganzen Aufenthalts keiner einzigen glänzenden Schönheit begegnet zu sein. Man sieht einzelne hübsche Mädchen, wie überall, aber ihre Zahl steht in keinem günstigeren Verhältnis zur Bevölkerung als anderswo. Sie sind blond, blauäugig und von gutem Teint; die Zähne sind leidlich konserviert (besser als bei uns), und kleine Hände und Füße bilden ihren besondern Stolz. Haltung und Gang sind natürlich, ohne ungraziös zu sein. Dies klingt anerkennend genug, zumal ich bei meinem alten Satze verbleibe, daß schöner Teint der erste Schritt zur Schönheit ist. Aber der erste Schritt ist noch nicht die Schönheit selbst.

1864 /»Kopenhagen«, Abschn. I

Seltenes Lob auf »de Fru«

Sie kennen die Geschichte vom »Swinegel un sine Fru«. Swinegel hätte ohne die Hilfe seiner Frau die Wette nie gewonnen, und ich soll nun ebenfalls gewahr werden – übrigens nicht zum ersten Mal – daß man ohne »de Fru« verloren ist.

An Mathilde von Rohr, Krummhübel, 8. Juli 1872

»Egoistisch bin ich, aber nicht lieblos«

Über Deinen heut erhaltenen Brief hab ich mich sehr gefreut; wenn Du doch diese selbständigen Gedanken, dieses gerechte Urteil auch im alltäglichen Leben und bei Würdigung dessen hättest, was ich tue oder lasse. Das Schlimme ist, daß Du Dich nicht daran gewöhnen kannst und auch nicht gewöhnen willst, mich für einen verständigen und auf *meine* Weise ganz praktischen Menschen anzusehn. Du läßt mir alle möglichen Vorzüge, betrachtest mich aber wie ein poetisches Kind, das jeden Augenblick auf dem Punkt steht, sich als Familien-Enfant-terrible aufzuspielen. So liegen aber die Dinge durchaus nicht; ich weiß auch, daß man Miete und Steuern bezahlen muß und daß man von der Luft nicht leben kann. Am wenigsten ich. Es ist auch nicht richtig, wenn ewig von meiner Lieblosigkeit gesprochen [wird]. Ich beobachte mich seit längrer Zeit auf diesen Punkt hin, und ich kann mit gutem Gewissen sagen: es trifft nicht zu. Egoistisch bin ich, aber nicht lieblos. Das ist ein großer, großer Unterschied. Ich könnte ein hohes Lied schreiben über die Erhabenheit, die Herrlichkeit, die Wonne, die Wunderkraft der Liebe, und zwar nicht Phrasen, die ich hasse, sondern Empfundenes; aber freilich was sich so gemeinhin Liebe nennt, diese ganze Reihe niedrigstehender, beleidigender, zugleich mit wuchtigster Prätension auftretenden Bourgeois-Empfindungen – und *dieses* Bourgeoistum ragt in alle Stände hinein –, für diese Sorte Liebe hab ich nur Spott und Verachtung. Ich liebe Liebe, aber ich kucke sie mir an und prüfe sie auf ihre Echtheit; vieles was sich in gutem Glauben dafür gibt, ist nicht weit her. Die bloße persönliche, aus leidlicher Begriffsverwirrung geborene Überzeugung: »ich liebe« ist noch lange keine Legitimation.

An Frau Emilie, Berlin, 31. Juli 1876

Zwiespältiges über Frau Emilie

Meine Frau, die große Meriten hat und in vielen Stücken vorzüglich zu mir paßt, hat nicht die Gabe des stillen Tragens, des Trostes, der Hoffnung. In dem Moment, wo ich ertrinkend nach Hilfe schreie und wo ein freundlich ausgestreckter Finger mich über Wasser halten würde, hat sie eine Neigung, ihre Hand nicht rettend unterzuschieben, sondern sie wie einen Stein auf meine Schulter zu legen. Bescheiden in ihren Ansprüchen, ist sie in ruhigen Tagen eine angenehme, geist- und verständnisvolle Gefährtin, aber ebensowenig wie sie die Stürme in der Luft ertragen kann, ebensowenig erträgt sie die Stürme des Lebens. Sie wäre eine vorzügliche Predigers- oder Beamten-Frau, in einer gut und sicher dotierten Stelle, geworden; auf eine Schriftsteller-Existenz, die, wie ich einräume, sich immer am Abgrund hinbewegt, ist sie nicht eingerichtet. Und doch kann ich ihr nicht helfen. Sie hat mich als Schriftsteller geheiratet und muß sich schließlich darin finden, daß *ich*, trotz Abgrund und Gefahren, diese Art des freien Daseins den Alltagskarrieren mit ihrem Zwang, ihrer Enge und ihrer wichtigtuerischen Langenweile vorziehe. *Jetzt*, wo ich diese Karrieren allerpersönlichst kennengelernt habe, mehr denn je.

An Mathilde von Rohr, Berlin, 22. August 1876

Die Zuneigung ist etwas Rätselvolles

Ich erwarte Dich mit alter Liebe, die ich immer für Dich in meinem Herzen habe, auch wenn ich Dir die bittersten Dinge sage, Dinge, die ich leider auch heute nicht zurücknehmen kann. Denn die Zuneigung ist etwas Rätselvolles, die mit der Gutheißung dessen, was der andre tut, in keinem notwendigen Zusammenhange steht. Natürlich wird es bei gebildeten Menschen immer dahin kommen, daß die Gutheißung den natürlichen Herzenszug unterstützt und umgekehrt, wenn sie konsequent ausbleibt, diesen Herzenszug auswurzelt und tötet.

An Frau Emilie, Berlin, 15. August 1876

Zwiespältige Liebeserklärung

Madame »la plus gracieuse physiquement et moralement«. Ich will mit der Liebeserklärung beginnen, daß die Desteuque beinah recht hat. Du bist, nicht nur Deiner tatsächlichen Abstammung, sondern auch Deinem ganzen Menschen nach, halb aus Beeskow und halb aus Toulouse. Hast Du Deinen

Toulouser Tag, so hat die Desteuque vollkommen recht, hast Du Deinen Beeskower, so hapert es. Ich bin Dir aber das Zeugnis schuldig, daß, wenn nicht kleine Verhältnisse Dich niederdrücken, der Toulouser Tag vorherrscht. Am toulousesten bist Du, wenn gut Wetter im Kalender steht, in Deinem eignen Hause. Unter Fremden, wenn sie fein, klug und vornehm sind, bist Du mehr oder weniger befangen, und wenn sie trivial sind, gehst Du sofort auf ihre Trivialitäten ein und wirst kleinstädtisch und spießbürgerlich. Übrigens hat sich das Letztre in neuster Zeit erheblich gebessert.

An Frau Emilie, Norderney, 23. Juli 1883

»Ehe ist Ordnung«

Daß in meinem Ibsen-Aufsatz und in »Irrungen, Wirrungen« dieselbe Tendenz lebt: »Ehe ist Ordnung«, ist mir erst durch Ihre Kritik zu Gemüte geführt. Und diese Tendenz selbst – ja, das ist ein weites Thema, das man eigentlich nur behandeln kann, wenn man an einem schönen Sommerabend zwölfmal um den Krollschen Platz herumgeht. »Du sollst nicht ehebrechen«, das ist die Norm, und wohl dem, der, nicht in Versuchung und nicht in Kämpfe geführt, dieser Norm entspricht; aber der Kompliziertheiten modernen Lebens sind so viele, daß das Gesetz jeden Tag und jede Stunde durchlöchert wird, weil es durchlöchert werden *muß*, wodurch wir, wollend oder nicht, unsere Stellung zur Schuldfrage beständigen Wandlungen unterworfen sehen. Das zugleich ein Ideal verkörpernde Gesetz, es bleibt, aber seine Strafandrohungen und Strafbemessungen, auch die bloß gesellschaftlichen, ändern sich nach der veränderten Schuldanschauung, und die Zeit kann kommen, wo das Gesetz selbst darüber zusammenbricht. Vielleicht, wenn wir vier achten schreiben, 8888. Aber noch ist es da.

An Otto Brahm, Berlin, 21. April 1888

Plädoyer für die Frauen

»Ich sehe nicht ein, warum wir uns immer um die Männer oder gar um ihre Seeschlachten kümmern sollen; die Geschichte der Frauen ist meist viel interessanter.«

1892 / Ebba von Rosenberg in »Unwiederbringlich«, Kap. 20.

Die Wundenmale der Ehe

Ja, sehen Sie, Krola, Sie sind nun ein so gescheiter Kerl und kennen die Weiber, ja, wie soll ich sagen, Sie kennen sie, wie sie nur ein Tenor kennen kann. Denn ein Tenor geht noch weit übern Lieutenant. Und doch offenbaren Sie hier in dem speziell Ehelichen, was noch wieder ein Gebiet für sich ist, ein furchtbares Manquement. Und warum? Weil Sie's in Ihrer eigenen Ehe, gleichviel nun, ob durch Ihr oder Ihrer Frau Verdienst, ausnahmsweise gut getroffen haben. Natürlich, wie Ihr Fall beweist, kommt auch *das* vor. Aber die Folge davon ist einfach die, daß Sie – auch der Beste hat seine Kehrseite –, daß Sie, sag ich, kein richtiger Ehemann sind, daß Sie keine volle Kenntnis von der Sache haben; Sie kennen den Ausnahmefall, aber nicht die Regel. Über Ehe kann nur sprechen, wer sie durchgefochten hat, nur der Veteran, der auf Wundenmale zeigt ... Wie heißt es doch? »Nach Frankreich zogen zwei Grenadier, die ließen die Köpfe hangen ...« Da haben Sie's.

1892 / Der alte Treibel in »Frau Jenny Treibel«, Kap. 10

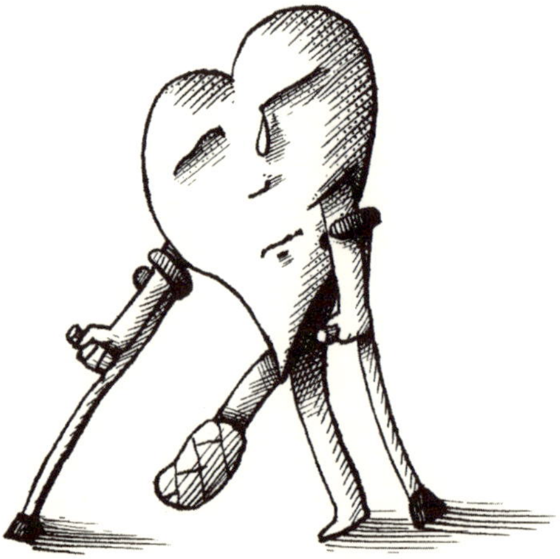

Autobiographischer Reflex?

Wie bei vielen Eheleuten, so stand es auch bei den Holkschen. Wenn sie getrennt waren, waren sie sich innerlich am nächsten, denn es fielen dann nicht bloß die Meinungsverschiedenheiten und Schraubereien fort, sondern sie fanden sich auch wieder zu früherer Liebe zurück und schrieben sich zärtliche Briefe.

1892 / »Unwiederbringlich«, Kap. 8

Zauber des Evatums

Wenn es einen Menschen gibt, der für Frauen schwärmt und sie beinah doppelt liebt, wenn er ihren Schwächen und Verirrungen, dem ganzen Zauber des Evatums, bis zum infernal Angeflogenen hin, begegnet, so bin ich es; aber alles muß seinen Stand und Namen behalten, und wenn ich die echten, ehrlichen Magdalenen unwiderstehlich finde, so kann ich mich mit krankhaft verliebten Weibern nicht befreunden, die ihre ganz landläufige Verliebtheit oder sonstige Gefühlsüberschwenglichkeit zu was Anbetenswertem heraufpuffen möchten. Antike Gestalten, die wie das Schicksal schreiten, à la bonne heure, davor wird man klein; aber wenn sich Berliner Kuchenkrümelmamsells aufspielen, da spiel ich nicht mit. Und solche Mamsells gibt es überall.

An Paula und Paul Schlenther, Berlin, 6. Dezember 1894

Magdalenen und Genoveven

Ich freue mich auf »Thaubadel« und mehr noch auf den »Schlesischen Adel vor 100 Jahren im Lichte der öffentlichen Meinung« [Studien von Colmar Grünhagen]. Hoffentlich kommt er bei dieser Beleuchtung gut fort, denn wie ich eine Vorliebe für die Schlesier überhaupt habe, so speziell für den schlesischen Adel. Er ist gewiß, nach bestimmten Seiten hin, sehr anfechtbar, aber grade diese Anfechtbarkeiten machen ihn interessant und mir auch sympathisch. Es sind keine Tugendmeier, was mir immer wohltut. Ich war nie ein Lebemann, aber ich freue mich, wenn andere leben, Männlein wie Fräulein. Der natürliche Mensch will leben, will weder fromm noch keusch noch sittlich sein, lauter Kunstprodukte von einem gewissen, aber immer zweifelhaft bleibendem Wert, weil es an Echtheit und Natürlichkeit fehlt. Dies Natürliche hat es mir seit lange angetan, ich lege nur *da*rauf Gewicht, fühle mich nur *da*durch angezogen, und dies ist wohl der Grund, warum meine Frauengestalten alle einen Knacks weghaben. Gerade dadurch sind sie mir lieb, ich verliebe mich in sie, nicht um ihrer Tugenden, sondern um ihrer Menschlichkeiten, d. h. um ihrer Schwächen und Sünden willen. Sehr viel gilt mir auch die Ehrlichkeit, der man bei den Magdalenen mehr begegnet als bei den Genoveven. Dies alles, um Cécile und Effi ein wenig zu erklären.

An Colmar Grünhagen, Berlin, 10. Oktober 1895

Hommage an Frau Emilie

Darin [in der Geschichte vom Hasen und vom Igel] ist das Musterstück einer guten Ehe vorgezeichnet, allerdings mit einem starken Beisatz von Pfiffigkeit und beinah Niederträchtigkeit. Und um dieses Beisatzes willen muß ich einräumen, daß »Swinegel un sine Fru« beträchtlich über mein Ideal hinausgehn. Aber dabei muß ich bleiben, ein anständiges sich Helfen, mit guter Rollenverteilung, bedeutet viel in der Ehe, und »mine Fru« hat diese große Sache geleistet. Um nur zwei Dinge zu nennen: sie hat mir alle Bücher und alle Zeitungen vorgelesen und hat mir alle meine von Korrekturen und Einschiebseln starrenden Manuskripte abgeschrieben, also, meine dicken Kriegsbücher mit eingerechnet, gute vierzig Bände. Sie war vor allem auch eine Haushälterin von jener nicht genug zu preisenden Art, die Sparsamkeit mit Ordnungssinn und Helfefreudigkeit verbindet. Eine richtige Sparsamkeit vergißt nie, daß nicht immer gespart werden kann; wer *immer* sparen will, der ist verloren, auch moralisch.

Ich muß aber auf die Gefahr hin, mich in ein komisches Licht zu stellen, noch Weiteres an meiner Ehehälfte loben, und zwar ihr Temperament, ihren ausgesprochen ästhetischen Sinn, ihre Naivität und nicht zum wenigsten ihre Unlogik.

Nur von dieser letzteren, weil »unlogisch sein« am Ende nichts Großes besagen will, will ich hier sprechen. Es schuf dies Unlogische, das bei phantasiereichen Frauen allerdings nichts als ein Überspringen von Mittelgliedern ist und in gewissem Sinne nicht eine niedrigere, sondern umgekehrt eine höhere Form der Unterhaltung darstellt, es schuf, sag ich, dies Unlogische beständig Überraschungen und Erheiterungen, an denen, als wir alt geworden, auch unsere Kinder teilnahmen.

1898 / »Von Zwanzig bis Dreißig«, Abschn. »Fritz, Fritz, die Brücke kommt«, Kap 2

Klares Bekenntnis

»Das ist eine Dame und ein Frauenzimmer dazu«, sagte sich Dubslav still in seinem alten Herzen, als er jetzt Melusine den Arm bot, um sie vom Flur her in den Salon zu führen. »So müssen Weiber sein.«

1898 / »Der Stechlin«, Kap. 27

»Ich bin nicht für halbe Portionen«
Gourmet und Gourmand

Vielfraß am Hochzeitstag

Am 15. Oktober [1850] war Polterabend gewesen, am 16. war Hochzeit. Ich habe viele hübsche Hochzeiten mitgemacht, aber keine hübschere als meine eigne. [...]
[Pastor] Schultz brachte sehr reizend den Toast auf das Brautpaar aus, und was das Reizendste für mich war, war, daß ein Bräutigam nicht zu antworten braucht. Ich beschränkte mich auf Kuß und Händedruck und aß ruhig und ausgiebig weiter, was, wie ich gern glaube, einen ziemlich prosaischen Eindruck gemacht haben soll. Als mir Schultz eine Weile schmunzelnd zugesehen hatte, sagte er zu meiner Frau: »Liebe Emilie, wenn *der* so fortfährt, so wird seine Verpflegung Ihnen allerhand Schwierigkeiten machen.«

1898 / »Von Zwanzig bis Dreißig«, Abschnitt »Im Hafen«, Kapitel 2

Hasenbraten im Hirschkeulenformat

Ich war schon nicht recht in Ordnung, als Ihr reistet (die offenstehenden Fenster sind nun mal nicht mein Fall, und ich sehe ein, daß es lächerlich ist, mich in meinen alten Tagen noch daran gewöhnen zu wollen) und verdarb es am Abend vollständig, wo ich einer Aufforderung von Lübke und Eggers folgte und mit ihnen in der neuen hübschen Kneipe (Potsd. Str. Café Restaurant) Abendbrot aß. Hasenbraten gab es. Ich kriegte für 7½ Sgr. eine Portion wie eine Hirschkeule, was in Berliner Restaurationen immer nur dann der Fall ist, wenn es in der Küche heißt: »Fort mit Schaden.« Außerdem war das Stück mit einer ganz gemeinen Stopfnadel gespickt, denn an einzelnen Stellen zog ich ein Stück Wollenfaden statt des Specks heraus. Solchen Kränkungen ist mein Magen nicht mehr gewachsen, und nur durch starke Dosen von Kümmel und Soda hab ich mich über Wasser gehalten.

An Frau Emilie, Berlin, 12. September 1859

Unappetitliches Souper

Der Sitzung [im »Verein für die Mark Brandenburg«] folgte ein Souper mit faulem Taubenbraten, und das bei Meser Unter den Linden! Unglaublich, aber wahr. Ich gab meinen Teller zurück und bat um ein Stück andren Braten; kriegt es auch. Die andern hatten die Tauben richtig runtergewürgt; sind das Geschmäcker!

An Frau Emilie, Berlin, 23. Mai 1862

Keine kulinarischen Vorurteile

Eine angenehme Unterbrechung dieses langen Tages [in Aalborg] war das Mittagessen. Der Mensch *ist*, wie er *ißt;* – so schreit ich denn zu einer Beschreibung meines Diners im Limfjord-Hotel, mit dem stillen Bewußtsein, dadurch einen kleinen kulturhistorischen Beitrag gegeben zu haben. In der kleinen Wohnstube unten im Erdgeschoß war angerichtet; der Wirt, ein freundlicher Mann, dessen Dienstwilligkeit in manchen Momenten an das »Sogleich, sogleich« in Shakespeares »Heinrich IV.« erinnerte, führte mich selbst an meinen Platz. Ich aß allein; nur die große Wanduhr tickte und schlug und schnarrte hinter mir. Der erste Gang war *Aalsuppe*, was in Aalborg als selbstverständlich hinzunehmen ist. Schade, daß in Dänemark nicht die schwedische Sitte herrscht, nach der man die jedesmalige Mahlzeit mit der Suppe *beschließt*; ich würde dann imstande sein, meiner Darstellung den nötigen künstlerischen Klimax zu geben, so aber bin ich in der üblen Lage, meinen besten Trumpf zuerst ausspielen zu müssen. Aalsuppe – nie wieder. Sie wird folgendermaßen zubereitet. Man schneidet Aale, Kartoffeln und Äpfel in große Stücke, setzt mit Wasser auf und läßt kochen; vor dem Anrichten wird eine Prise Zucker zugetan. Ich kostete der Reihe nach, erst die Suppe, dann den Aal, dann die Kartoffeln, dann die Äpfel – es war aber nicht möglich. Der Aal schmeckte wie Apfel und der Apfel wie Aal.

Ich weise übrigens die Supposition kulinarischer Vorurteile strengstens zurück; sogenannte »schreckliche Zusammenstellungen« erschrecken mich längst nicht mehr. Ich lasse in jedem Einzelfall die Zunge entscheiden; ich darf sagen, sie ist milde, aber sie ist auch gerecht.
Über den Rest geh ich schnell hinweg. Es folgte ein vorzüglicher Plattfisch, den ich schon in Kopenhagen gegessen und der die Mitte hält zwischen Flunder und Steinbutte; er hat die Zartheit jener ohne ihre Weichlichkeit und die Schmackhaftigkeit dieser, ohne ihre Härte. Die Kartoffeln hier sind gelb, schwer, hart – man versteht sich nicht auf ihre Zucht. Dann folgte Lamm, dieser herrliche patriarchalische Braten, der hier unterschätzt wird, weil er jahraus, jahrein der unvermeidliche ist. Er ist hier dasselbe, was in Bayern der gekochte Kalbsbraten ist, und doch ist Lamm eine besondere Gottesgabe.

»Reisebriefe aus Jütland«, 18. September 1864

Vom Patriotismus gefrühstückter Leute

Unter allen Umständen aber sollten wir dessen eingedenk sein, daß es für gefrühstückte Leute leicht ist, über Hunger zu plaudern, und daß diejenigen, deren Patriotismus eben von einer guten Mahlzeit kommt, nicht allzu hart urteilen sollten über diejenigen, deren Vaterlandsgefühl durch bittere Tage der Entbehrung gegangen ist.

»Reisebriefe vom Kriegsschauplatz Böhmen 1866«

Enorme Eßleistungen in Kissingen

Die Kissinger Brunnenpromenade hat mir wenig imponiert, desto mehr, freilich in einem andern Sinne, die Table d'hôte. Ich hätte nie geglaubt, daß eine *Gesamtheit* von Menschen (einzelne mit sogenanntem »gesegneten Appetit« findet man überall) so viel essen könne. Schon gestern fiel es mir auf. Ich beschloß, heute schärfer zuzusehen. Und so tat ich. Die auserkorenen Opfer meiner Beobachtung waren natürlich mein Gegenüber und meine Nachbarn rechts und links. Mein Visavis, untersetzt, geschwollen, mit fehlenden Augenbrauen und Stahlbrille, machte den Eindruck eines Berliner Rechnungsrats. Er aß: zweimal Suppe, drei Rindfleisch mit Zubehör, ein Wirsingkohl mit Gulasch von Kalb und Schinkenbeilage, drei Rinderbraten, eine Mehlspeise. Dieser supponierte Rechnungsrat war aber keineswegs der Sanspareil. Ihm zur Rechten saß ein schmächtiger Magdeburger Kaufmann, jung, nervenverbraucht, mit einer blonden, hahnenkammartigen Hochfrisur. Der ganze Bau sah aus wie auf schlechten Marinebildern eine steife Welle, die eben umkippen will. Dieser blasse Blonde schlug seinen Nachbarn noch um ein Stück Rinder-

braten. Dabei verschmähte er das Ratenprinzip, das *allmähliche* Heranziehen von Kraft und Stoff. Er operierte kühn und sicher zugleich; kein »nach und nach«; ganz ist der Mann. Als er gegen den Braten vorging (vier aufgetürmte Schnitten), sah es aus, als schnitte er eine Torte an. – Soll ich nun schließlich auch noch von dem *linken* Nachbarn erzählen? – Ach, ich muß. Hier mischen sich wehmütige Betrachtungen ein. Persönlich edel und haltungsvoll, scheiterte er doch an der Haltung seiner Kinder, Sohn und Tochter in den hoffnungsvollen Jahren zwischen zwölf und vierzehn. In jener bangen Pause, die zwischen dem Braten und der Mehlspeise liegt, sah ich den Vater plötzlich sich erheben; er verschwand. Das Warum sollte bald offenbar werden. Eine Minute später ragten zwei Ararats über den Rand zweier Teller fort; ringsum ein rotes Meer. Es war ersichtlich, der Vater hatte nicht Zeuge dieser Taten sein wollen. Um etwas zu tun, das zwischen Anstands- und Vatergefühl glücklich vermittelte, hatte er die eigene Portion großmütig zum Opfer gebracht.
Von diesen Eßleistungen sagt man mir, sie gehörten zur Kur. Mag sein. Aber wie die Wirte bestehen, bleibt ein Rätsel.

»Aus Thüringen«, Kissingen, Ende August [1867]

Menu zum häuslichen »Zauberfest«

Eben komm ich von Tisch, d. h. von dem Zauberfest, das ich Deiner Anweisung und der Kochkunst unsrer Luise verdanke. Wir tranken zunächst Dein Wohl (Friedel in vollen Zügen), dann proponierte Theo ein zweites Glas auf das Wohl der verehrten Familie Treutler. Er war so engagiert und hielt so tapfer aus, daß er wahrscheinlich um 10 Minuten zu spät in die Schule gekommen sein wird. Es ist nicht mehr als billig, daß ich Dir die Reihenfolge der Gänge gebe.

Menu 16. Oktober 1868

(Kochkünstler: Luise Reißner)

Bouillon mit Nudeln
Nach der Suppe echter Bordeaux (15 Sgr.) aus Spitzgläsern
Huhn au naturel
Blumenkohl à la hollandaise
Klöße mit holländischer Sauce
Arme Ritter
Glacierte Äpfel. Preißelbeeren
Ungarische Weintrauben
Zu jedem Gang Bordeaux-Holtzberg (15 Sgr.) immer aus derselben Flasche.

Alles war befriedigt. Die Kinder erwogen, ob sie *so* gut schon mal gegessen hätten. Was wichtiger ist, sie waren auch satt; Martha und Friedel haben sich ein Drittel von einem armen Ritter aufgehoben.

An Frau Emilie, Berlin, 16. Oktober 1868

Vom »echten Frühstück«

Der Marsch aus dem »Tannhäuser« klang noch, als ich in mein »Hôtel royal« wieder zurücktrat. Es war Dejeunerzeit. Ich begann wie billig mit Austern und Chablis. Diesen Luxus, wenn es an dieser Stelle überhaupt einer war, empfand ich wie eine Pflicht. Ich hatte mich in Epernay und Reims (wer tränke *einsam* Champagner?) mit einem »bock« begnügt, aber nun – nach Analogie jenes vormärzlichen Landsmanns, der, zweimal an dem Eckladen vorübergehend, das dritte Mal um so sicherer überzeugt war, sich für seine Enthaltsamkeit belohnen zu müssen – glaubte auch ich mir ein Anrecht auf das natürliche Gewächs des Meeres, die *Auster*, erworben zu haben. Sie kam in jener nicht genug zu bewundernden Gestalt, die zwischen der großen holsteinschen und den kleinen Whitstables die richtige Mitte hält, und ich darf sagen, seit jenem schönen Maitage 1864, wo ich mit Dr. H. (den ich hiermit schönstens grüße) in »Wilkens Keller« die ohnehin frischen Düppelreminiszenzen mit Chateau d'Yquem noch frischer machte, hatt ich *so* nicht wieder gefrühstückt. Denn ein echtes Frühstück, man täusche sich darüber nicht, ist rar wie alles Schöne und Große. Es muß im Vordergrunde Stimmung und im Hintergrunde Erinnerungen haben. Hier in Dieppe hatt ich beides, und so erschien mir denn wieder einmal einer jener rätselhaft gebornen und kaum begrüßt verlornen Augenblicke (wie Lenau das Glück definiert), ein Glückesaugenblick, sag ich, dessen ich um so dankbarer gedenke, als er es mit seiner Zeitbegrenzung nicht allzu peinlich nahm. Im Gegenteil. Es hing Gewicht sich an Gewicht, und die dritte Stunde war vorüber, als ich mich geländerfest auf mein Zimmer hinauffühlte.

1872 / »Aus den Tagen der Okkupation«, Bd. I, IV. Abt. Kap. Dieppe I

»*Knickebein*«

Halb durchnäßt, dazu der wunderbare Dunst einiger zwanzig Kautschukmäntel, es war eine Situation, der mit den kräftigsten Mitteln begegnet werden mußte. »Da hilft nur *Knickebein*«, erklang es aus unserer Mitte. »Knickebein?« fragt ich verwundert und wie in bangem Echo. Aber die Mühle von Sannois schien dies ziemlich unfranzösische Wort schon mehr als einmal vernommen zu haben, denn alsbald erschienen fünf Gläser, fünf Eigelb und zwei geschliffene Flaschen mit Cognak und Anisette. Von Hals und Kehlkopfs wegen sucht ich zu protestieren, aber allgemeine Heiterkeit und die Versicherung: »Dafür ist ja das Eigelb; *Eigelb dämpft*«, antworteten mir. So ging ich denn mutig vor. Aber o Knickebein deiner will ich gedenken; ein solches Bein war mir lange nicht gestellt worden. Es schmeckte leidlich gut, aber ich zahlte den Genuß dieser Stunde mit – drei Tagen Halsentzündung.

1872 / »Aus den Tagen der Okkupation«, Bd. I, St. Denis, Die Mühle von Sannois

Tapferkeit an der Table d'hôte

Drei Tage auf meinem Zimmer [im Hotel A la tête de bœuf in Amiens]! Es war unzweifelhaft eine Geduldsprobe! Aber zu erheblichem Teile, und zwar in Folge einer ridikül-absonderlichen Szene, die ich gleich am Tage meiner Ankunft an der Table d'hôte durchgemacht hatte, hörte diese Geduldsprobe auf, eine solche zu sein. Es hatte damit folgende Bewandtnis: Ich war, nach drittehalbstündigem Kathedralen-Besuch, etwas verspätet zum Dejeuner erschienen, so daß die übrigen Tischgäste mir um zwei, drei Gänge voraus waren. Das sollte verhängnisvoll für mich werden. Gleich der zweite Gang, wenn ich nicht irre, bestand aus Eiern, die, nach französischer Sitte, nicht in die Pfanne, sondern gleich in den Teller geschlagen waren, in dem sie nun, trotz der heißen Platte, auf der sie gestanden, den Prozeß des Koagulierens nur sehr unvollkommen durchgemacht hatten. Auf dem Perfektgewordensein dieses Prozesses aber beruht die alleinige Möglichkeit, dieses Gerichtes Herr zu werden. Ich sah gleich, daß dies in dem vorliegenden Fall notwendig seine Schwierigkeiten haben müsse, begann aber nichtsdestoweniger gutes Mutes, da wenigstens der Rand, wie ein Graben im Winter, leicht überfroren war. Es ging aber wirklich nicht; die Sache hatte keine Spur von Halt, und ich befand mich in der Lage des Storches in der Fabel, den der Fuchs zu Gast geladen hat. Ich schickte mein Auge rechts und links die Tafel hinunter, um vielleicht dem einen oder andern Mitspeisenden einen Kunstgriff absehen zu können, aber darin rächte sich eben mein Zuspätgekommensein, daß alles schon weit voraus war und nun ausschließlich Miene machte, der Entwicklung des Dramas, in dem ich Schuld und Unschuld zugleich war, neugierigen Blicks zu folgen. Es blieb mir endlich nichts anderes übrig, als unter Verleugnung meiner Grundsätze, zu dem bekannten Hilfsmittel der Brotschippe zu greifen, machte aber nur wieder die Erfahrung, wie gefährlich es ist, mit Prinzipien zu brechen. Alle Balancierkunst scheiterte; jedesmal auf halbem Wege zwischen Teller und Mund stürzte das Eiweiß wieder in den Abgrund! Was halfen mir jetzt alle unsere Siege?! Mir war unter dem Bajonettangriff aller auf mich gerichteten Augen nicht anders zumut, als ob St. Privat nie gestürmt worden wäre, und im Wirbeltanz der Gedanken mich zuletzt nur noch dem Instinktiven überlassend, rief ich jetzt, unter Zusammenfassung aller Kräfte, mit demonstrativer Lautheit über den Tisch hin: garçon, une cuiller. Ich hatte natürlich auf einen Teelöffel gerechnet. Hier aber, wo alles schief ging, reichte mir der Kellner natürlich einen schweren Suppenlöffel zu. Furchtbar. Aber von diesem Augenblicke an hatt ich obgesiegt; die Komik der Situation schlug durch, und wenn es ein Gemüselöffel gewesen wäre, es hätte meine jetzt in den Vordergrund tretende Heiterkeit nur noch gesteigert. Ohne Zögern ging ich ans Werk und verzehrte meine Setzeier nunmehr als Suppe. Einige meiner Nachbarn, ganz französisch, lächelten mir zu; die Kühnheit meines Vorgehens hatte mich wieder rausgerissen.

1872 / »Aus den Tagen der Okkupation«, Bd. I, Amiens, A la tête de bœuf

Souper in Bitsch

Eine Stunde nach Dunkelwerden war ich wieder im Hotel, wo man eben zum Souper schritt. An zwei Tafeln, in zwei Zimmern; nur die Tür stand auf. Will-Franzosen und Deutsche schieden sich auch hier.

Die deutsche Tafel hatte eine Längenausdehnung, die in Bitsch überraschen konnte. Es waren aber nicht Fremde, die hier saßen, sondern Ansässige, hierher Verschlagene aus allen deutschen Ländern, die als Post- und Polizeibeamte, als Forst- und Telegraphen-Beflissene ihres wenig erfreulichen Dienstes an dieser Stelle warteten. Die Opulenz der Tafel konnte über alles andere, was fehlte, schwerlich hinweghelfen. Nichtsdestoweniger mag es mir, als Beitrag zur Länder- und Völkerkunde, gestattet sein, hier aufzuzählen, wie wir in *Bitsch* zu Nacht speisten. Es gab: Suppe; Fleisch und Sauce; Spargel; Hammelrücken; Kalbsmilch; Kapaun und Salat; Quarkkuchen; Butter und Käse; Biscuits. Also schlecht gerechnet *sieben* Gänge. Dabei muß man gegenwärtig haben, daß Bitsch ein Ort ist, der noch lange nicht auf der Höhe von Bernau steht ... Und ... ich habe auch in Bernau zu Nacht gegessen!

1872 / »Aus den Tagen der Okkupation«, Bd. II / IV. Abt. »Bitsch«

Maxime

Ich hasse es, wenn einem eine gebratene Taube ins Maul fliegt, beim Schicksal auch noch auf Kompott zu bestehen.

An Otto Marquardt, Berlin, 13. September 1873

Das höhere Kulturvolk

Ich ging dann [in Neuruppin] zu Rüdiger oder seinem Nachfolger und speiste mit dem Wirt selber, zwei Mann hoch. Brühsuppe, Schnittbohnen und Hering und Kalbsbraten. Es hatte einen Wert von 5 Sgr, kostete aber 15, die ich, mit Rücksicht darauf, daß ich der einzige Gast war, gern bezahlt hätte, wenn nicht der Wirt selbst, im übrigen ein guter, dämlicher Kerl, durch Verbrauch von wenigstens 15 Zahnstochern und beständiges Nachhelfen mit allen fünf Fingern (und was für welche) mir den Appetit total verdorben hätte. Ich empfand wieder ganz die Wonne, einem höhren Kulturvolk – nach einigen dem »einzigen« – anzugehören. Schweine sind es und Rüpel, nur dies steht fest.

An Frau Emilie, Neuruppin, 23. September 1873

Verproviantierung der »Sphinx«

Ich schlenderte noch den Kiesweg [am Schloß Köpenick] auf und ab, als ich meine Reisegefährten von der Schloßbrücke her zurückkommen sah. Es folgten ihnen drei Paar Träger mit großen Deckelkörben, die den angekündigten Proviant herantrugen. Die Körbe über den schmalen Steg hin direkt an Bord zu schaffen war unmöglich; ihr Inhalt mußte also vom Ufer aus in Einzelstükken herübergereicht werden, etwa wie sich Bauarbeiter die Steine zureichen. Dies gab mir Gelegenheit, die Verproviantierung der »Sphinx« im Detail kennenzulernen. Der Eindruck, den ich davon empfing, war ein gemischter, denn alles Tröstliche, was er mit sich brachte, wurde durch ebensoviel Beängstigendes balanciert. Durch welche Gegenden mußten wir kommen, um zu solchen Vorsichtsmaßregeln gezwungen zu sein! Es wurden eingeschifft: 120 Flaschen Tivolibier, 120 Flaschen Sodawasser, 30 Flaschen Bordeaux, 3 Filets, 2 Schock Eier, 1 Butterfaß, 1 Zuckerhut, 1 Baumkuchen, 6 Flaschen Scharlachberger und 1 Dutzend Flaschen Champagner. Mehr noch als diese durch Zahl oder Gewicht bemerkenswerten Quantitäten imponierte mir die Liste der »Kleinigkeiten«; sie füllte einen halben Bogen und wies über hundert Nummern auf. Ich zitiere daraus nur folgendes: eine Muskatnuß, ein kleines Reibeisen dazu, Salbeiblätter, um Aal, und Dilldolden, um Schlei zu kochen. Alle diese Dinge, groß oder klein, verschwanden ohne Schwierigkeit in dem Rumpf des Schiffes;

die Butter, das Fleisch erhielten ihren Platz auf großen Eisblöcken, und eh eine halbe Stunde um war, war auch die letzte Flasche »gestaut«.

1874 / »An Bord der Sphinx«, aufgenommen in »Spreeland« 1882

»Ein echtes Berliner Essen«

Alle Speisen standen schon in der Mitte, als erster Gang eine große Schüssel mit Mohnpielen, daneben links ein Heringssalat und rechts eine Sülze. Alles reich gewürzt; auf dem Mohn eine dichte Lage von gestoßenem Zimt, auf dem Salat kleine Zwiebeln, die mit Pfeffergurken und sauren Kirschen abwechselten.

1878 / »Vor dem Sturm«, Bd. III, Kap. 4

Mehr Bäcker und weniger Stadtverordneter

Ich stieg nun in meine Wohnung hinauf, die sich vernobelt hat, und begann auszupacken. Um 1 aß ich; Frau K. hatte gekocht. Aber es ist mir doch zu schlecht, und so werd ich von morgen ab mal hier, mal dort einfallen und sehen, was die Küche gibt. Viel erwart ich nicht: die Kochkunst blüht nicht in diesen Gegenden, und das Fleisch ist schlecht wie in allen kleinen Städten. Nichts ist falscher als die Vorstellung der Gutsbesitzer, man könne sich bei ihnen ein Ränzlein anmästen; im Gegenteil, man fällt ab und kommt von Kräften. Dafür hab ich mich aber bereits an Erdbeeren für 15 Pf. delektiert und an zwei Semmeln für 8 Pf., wogegen die ganze Thiersche Herrlichkeit versinkt. Wenn letztrer mehr Bäcker und weniger Stadtverordneter wäre, gewönne unsre ganze Gegend [in der Potsdamer Straße in Berlin].

An Frau Emilie, Wernigerode, 5. August 1880

Tagespartie im Riesengebirge

Mama fährt fort sich zu erholen. Gestern machten wir von 11 bis 8 eine Tagespartie, neun Stunden unterwegs, von denen gut die Hälfte marschiert wurde. Eine ganz anständige Leistung. Wir waren auf der Anna-Kapelle und feierten den Tag durch Weinsuppe, Forellen und Eierkuchen. Aber nur halbe Portionen, ein Vorschlag, der weder von mir noch von Mama ausging. Ich bin nicht für halbe Portionen und wurde gestern in meiner Abneigung dagegen neu bestärkt, denn nur mit Mühe setzten wir für unsre 2 Portionen 4 Teller, 4 Löffel und 4 Messer und Gabel durch. Gott, was ist Anstand!

An Tochter Martha, Krummhübel, 27. August 1884

Verlockung eines Ehesklaven

Als ich ging, wurd ich noch aufgefordert, an ihrem Mahle teilzunehmen, es gäbe Lamm (immer spukt es hamitisch-semitisch in dem Hause) und Makkaroni mit *Pflaumen.* Es lockte mich wirklich, aber als Ehesklave konnte ich den nötigen Mut doch nicht recht aufbringen. Feigheit ist der Menschheit bestes Teil.

An Tochter Martha, Berlin, 8. Mai 1889

Mohn- und Quarkkuchen von Bäcker Thier

Die Gleichgültigkeit der Menschen gegen Poetereien übersteigt alles Maß, und es ist mir ein Beweis meines natürlichen Angewiesen- und Eingeschworenseins auf diese Dinge, daß ich, trotz der klaren und niederdrückenden Erkenntnis von dem Nichts dieser Beschäftigung, doch dabei ausharre, einfach weil ich nicht anders kann. Aber Bäcker Thier an der Ecke, mit seinen 2 blonden Mamsells, die Mohn- und Quarkkuchen verkaufen, ist besser dran. Sonderbar, daß ich im Drauflosschreiben grade Mohn und Quark rausgegriffen habe; dazu bringt man's genau auch; bei den meisten Kollegen prävaliert Quark, bei mir Mohn. Aber es fragt sich, ob Mohn nicht das Schlimmere ist.

An Tochter Martha, Berlin, 17. Mai 1889

Aal in Kleeßen

Eins der Bredow-Güter [...] heißt Kleeßen, und dies Kleeßen hat einen See, natürlich den Kleeßner See. Der ist nun ein eigentümlich feines Ding. Alle sonstigen Seen des Havellandes sind Sumpf und Moor, und nur der Kleeßner See hat Sand und Kalk (wie der Limfjord), so daß sein Wasser durchsichtig ist und man bis auf den Grund sehen kann. In diesen See senden nun die sumpfigen Nachbargewässer dann und wann etwas von ihrem Fischreichtum, Aale, Schleie, Bleie, sämtlich moorig, weil sie bis dahin unter schmutzigen Moorverhältnissen gelebt haben. Kaum aber in den Kleeßner See getreten, beginnt das Purgatorium, der Reinigungs- und Veredlungakt all dieser Rowdies und Kommißknüppel, und eh ein halb Jahr um ist, ist aus dem Moor-Aal ein Edel-Aal geworden, der 4fach höher im Preise steht und sein geläutertes Leben, wenn nicht bei Hofe, so doch niedrigstens bei Borchardt oder Dressel beschließt. Ich habe in Kleeßen ein Stück von solchem Aal gegessen, an dem nichts Gemeines mehr war, ausgenommen seine kolossale Dicke. Denn das Edle muß auch immer schlank sein. Bismarck z. B. konnte nicht edel werden.

An Julius Rodenberg, Berlin, 11. Juni 1889

Verpflegungsfrage

Daß Dir meine liebe »Effi« so gefällt, freut mich. Empfiehl mich der Frau Gräfin, und freue Dich der Rosen und der Hammelkoteletts; diese sind noch wichtiger als jene. Die Verpflegungsfrage ist für den Kulturmenschen eigentlich das Wichtigste; die Gesundheit hängt gewiß dran und fast auch die Moral.

An Tochter Martha, Berlin, 30. September 1894

Fatale Zukunftsvision

Retrorsum [Fragment]
Berthelot oder Werner Siemens erklären uns: das Goldene Zeitalter kommt, das kennt keine Not. Aus Stickstoff, Kohlenstoff. Aus Kohlenstickstoff, aus Sauer- und Wasserstoff eine neue glänzende Ära troff. Es gibt keine Hungersnot mehr, es gibt keine Felder, es gibt auch (fast ängstlich) keine Gelder. Man hat seine sämtlichen Lebenslose in einer Art von Tabaksdose. Die hat Tasten, Drücker, Knöpfe, Züge, und zieht oder drückt man,
So geht es los,

Und man hat alles ganz famos.
Druck links gibt eine Butterstulle,
Druck auf rechts gibt eine Gilkapulle,
Druck oben, und du siehst Spargel sprießen,
Druck unten, euch soll Tokaier fließen,
Druck links Kotelett aus der Kasserolle,
Druck rechts ein Liter wie von Bolle,
Druck links auf eine Schatulle
Gibt 'ne Schinken- und Käse-Stulle.

Dies noch weiter ausführen.

Abstirbt uns das alte liebe Vieh,
Es wächst nur Weisheit und Anämie.
Gott, führe zurück uns die Patriarchen
Und laß uns wieder schwitzen und schnarchen.

1897 / Gedichte II, S. 505

Vom Rauchen

Vierraden. Uckermärkisch Blatt.
Sie war, zu schließen nach meinem Weh,
Höchstens aus der Kastanienallee,
Sie war nicht gesauct, sie war gejaucht,
Und ich habe seitdem nicht mehr geraucht.

1898 / Gedichte II, S, 521

Sächsische Mehlpampe

Hier im »Weißen Hirsch« ist es reizend, besonders seitdem wir uns »selber kochen«. Ich bin mit allem Sächsischen einverstanden, schon um der Manierlichkeit der Leute willen. Aber mit der sächsischen Küche, die namentlich in Saucen an dem alten Prinzip der Mehlpampe festhält, kann ich mich nicht einverstanden erklären. Die Luft ist herrlich, und ich habe mich über Erwarten erholt.

An Erich Schmidt, Weißer Hirsch bei Dresden, 15. Juni 1898

Spezialität von Schloß Stechlin

Das Mahl war inzwischen vorgeschritten und bei einem Gange angelangt, der eine Spezialität von Schloß Stechlin war und jedesmal die Bewunderung seiner Gäste: losgelöste Krammetsvögelbrüste, mit einer dunkeln Kraftbrühe angerichtet, die, wenn die Herbst- und Ebereschentage da waren, als eine höhere Form von Schwarzsauer auf den Tisch zu kommen pflegten. Engelke präsentierte Burgunder dazu [...]

1898 /»Der Stechlin«, Kap. 3

»Der Lokus im Levkojenbeet«

Hygiene – »eine ganz ernsthafte Kalamität«

Notdurft in Magdeburg

Die Eindrücke, die ich bis jetzt empfangen habe [bei der Rückkehr aus London], sind im ganzen gut; über manches allzu Preußische hab ich Humor genug gehabt zu lachen, z. B. über 2 Schildwachen in Magdeburg, die faktisch mit halbgefälltem Bajonett auf mich eindrangen und mit einem laut in die Nacht hineingeschrienen: »hier wird nicht geschifft« den friedlichen Lauf der Dinge bei mir rauh militärisch unterbrachen. »Grausamer!« antwortete ich und beendete das einmal angefangene Werk in den dunklen Kasematten-Gängen der Festung.

An Frau Emilie, Berlin, 17. Januar 1859

Rachebefriedigt eingeschlafen

Gestern um 12 in Freienwalde. Sechs Stunden lang geklettert. Von 6–8 reizende Fahrt nach dem Schloßberg; von 8–11 mit dem Dichter und Drechslermeister Weise beim Biere geplaudert. Um 1½ nach Wriezen, um 1 im Goldnen Löwen zu Bett, um 2 eine Wanze gefangen und langsam gebraten, dann rachebefriedigt eingeschlafen.

An Frau Emilie, Wriezen, 16. September 1862

Die »Örtlichkeit« unter den Apfelbäumen

Meine Wohnungsangelegenheit wurde nun schnell vermittelt, und ich zog mit untergehender Sonne beim Gendarmen Brey in ein 2fenstriges Giebelstübchen ein. Die ersten Momente stimmten mich zu einer lächerlich-wehmütigen Betrachtung. In dem Zimmer, das seit mehreren Tagen nicht gelüftet sein mochte, roch es nach gestoßnem Pfeffer und Himbeeräpfeln, zwei Artikel, die bei allem Respekt vor jedem einzelnen, doch in ihrer Mischung alles andre eher sind als angenehm. Ich sagte mir: »und um dieser reinen Gebirgsluft willen bist du 40 Meilen weit gereist!« Dieser erste kleine Schmerz wurde aber bald wieder in Balance gebracht. Ich erkundigte mich nach jener bekannten Lokalität, nach der einzelne ängstliche Gemüter, wenn sie in einen Gasthof treten, immer zuerst fragen. Herr Brey trat mit mir ans Fenster und sagte:

»Dort unter den Bäumen.« Im ersten Augenblick erschrak ich und dachte: »sollten die idyllischen Zustände hier so weit gehen ...«, bald aber bemerkte ich zwischen zwei Apfelbäumen einen primitiven Holzbau, den man, seinem Stil nach, vielleicht als einen Vorläufer des Schilderhauses bezeichnen könnte. Wie hatt ich dies alles aber unterschätzt. Die ganze Örtlichkeit, bei nährer Bekanntschaft, erwies sich als ein Ideal. Weiß gescheuert, die Tür offen, alles, wie das Schloß im Märchen, von Bäumen umstellt, von Schlingpflanzen überwachsen, war hier eine Art Buen Retiro geschaffen, wie es die große Stadt mit all ihrem Erfindungsplunder, mit Ventilation und Wasserwerk nicht leisten kann. Dazu die schönste Luft, viel besser als in meinem Zimmer mit seinem Pfeffer und seinen Himbeeräpfeln. Mir fiel der alte Bauexamen-Witz ein: Was würden Sie tun, daß es in der Küche nicht raucht und auf dem Closet nicht riecht (Antwort: ich würde auf dem Closet kochen und in der Küche ...), und ich mußte mir sagen, daß ich durch einen ähnlich kühnen Tausch an »reiner Gebirgsluft«, diesem Zweck meiner Reise, gewinnen würde. Übrigens haben diese 2 Tage bereits viel gebessert, jedenfalls aber wohne ich bei freundlichen, ordentlichen, gefälligen Leuten und habe alle Ursach, zufrieden zu sein.

An Frau Emilie, Erdmannsdorf, 25. August 1868

Bei Siecke in Erdmannsdorf

Zwei Kellner warten auf. Mit dem ältren, der der Veranda-Kellner ist, hab ich, unter Anwendung des bekannten Mittels, Freundschaft geschlossen. Wie nah wir bereits stehn, magst Du aus folgender Unterredung schließen, die ich gestern (es gab gerade Huhn mit einer weißlichen Sauce) pflog. *Ich.* Sagen Sie, sind hier immer so viele Wespen? *Er.* Nicht immer; aber jetzt in der Obstzeit. *Ich.* Stechen sie auch? *Er.* O ja, tüchtig; mich haben gestern zwei an der Hand und eine am Kinn gestochen (Er zeigt seine Wunden). *Ich.* Öl soll das beste sein. *Er.* Ich nehme immer Speichel; zwei-, dreimal drübergeleckt und alle Viertelstunde wiederholt, das hilft. *Ich* (unter Zurückschiebung des Huhns). Aber am Kinn; Sie können doch nicht ... *Er* (lächelnd). Oh, ich kann schon ... (er pinselt an seinem Kinn entlang), aber ich reib es lieber ein. *Ich.* Bitte um Kaffe, aber mit einem Cognac.

An Frau Emilie, Erdmannsdorf, 28. August 1868

Le Cabinet où est-il donc?

Seit gestern nachmittag bin ich hier. Mit meinem Eintreffen in Toul bin ich in den poetischen Kreis der Jeanne d'Arc eingetreten, ohne daß ich sagen könnte, bis jetzt poetisch-romantisch berührt worden zu sein. Meine ersten Erlebnisse standen in einem eklatanten Gegensatz zu aller Poesie. Ich brach natürlich gleich auf, um der berühmten Kathedrale meinen Besuch zu machen, eh ich aber noch eintreten konnte, empfand ich ein solches Rumoren in mir, daß ich es für klug hielt, einen eiligen Rückzug in mein Hotel anzutreten. Ich erreichte es auch glücklich, aber bald mußte ich mich überzeugen, daß damit wenig gewonnen sei, denn die Corridore auf und ab laufend, konnte ich jene Lokalität nicht finden, die in der Regel durch eine Türe in kleinerem Format kenntlich ist und an deren Überschriften sich die Dezenz der Menschheit so mannigfach versucht hat. Aber weder Tür noch Überschrift war zu finden. Es blieb mir endlich nichts andres übrig, als die Glocke zu ziehn. Richtig, alle meine Ahnungen gingen in Erfüllung. Statt eine jener Strickstrumpf-Frauen, mit denen man sich auf den deutschen Bahnhöfen so schnell und gemütlich einlebt und von denen ich jede einzelne in diesem verzweifelten Augenblick mit einem Franken belohnt hätte, erschien die Tochter der Madame Millot, stellte sich mit einem gewissen patriotischen Schmerzensausdruck, der ihr gut stand und den ich gleich bei meinem Kommen beobachtet hatte, in die geöffnete Tür und sagte ernst: »Monsieur, vous avez sonné!« Sie Situation war furchtbar. Ein kurzer Kampf tobte in meiner Seele, endlich siegte, wie immer, die gemeine Menschennatur, und in einem Ton, in dem sich Determiniertheit, Scham und Vertraulichkeit wunderbar mischten, fragte ich: »Oh, Mademoiselle, le Cabinet où est-il donc?« Sie blieb ganz sie selbst; dem Ausdruck ihres Patriotismus noch den einer stillen Verachtung zulegend, machte sie eine klassische Armbewegung, etwa wie die Jachmann, wenn sie die Iphigenie spielt, und sagte einfach: »Descendez!« Dann schritt sie voraus, öffnete einen Hof, der die Form und die Größe jener Triangel-Schlafstuben hatte, denen man mitunter in Berliner Häusern begegnet, und verschwand mit einem »c'est ça« vor meinen Augen. So schlimm dies nun alles gewesen war, so kam doch noch das Schlimmere. Die Örtlichkeit hatte ganz den südländischen Charakter, ein Engländer hatte nie seine reformatorische Tätigkeit hier begonnen, und so begann denn jener Schauer- und Scheuer-Akt, dem ich vielleicht erlegen wäre, wenn mich nicht die souveräne Rücksichtslosigkeit meines alten Kreuzzeitungs-Kollegen seit 10 Jahren daran gewöhnt gehabt hätte, mir diesen wichtigen Platz des Lebens Tag um Tag durch meiner Hände Arbeit zu erkaufen. So gelang es denn auch hier. Ich eilte auf mein Zimmer. Wasser und nochmals Wasser tilgten zuletzt alle Schuld.

An Frau Emilie, Toul, 4. Oktober 1870

Der Zug hält. Es ist sieben Uhr abends. Jenseits des Schienenstranges steht die übliche Wagenburg von Omnibussen, Kremsern und Fiakern; Hotelkommissionäre, Fremdenführer, Kutscher machen die bekannte Sturmattacke, allen vorauf ein zehnjähriger Junge, der sich mit unheimlicher Geschicklichkeit der kleinen Reisetasche zu bemächtigen trachtet. Alles wird siegreich von mir abgeschlagen, aber nicht zu meinem Heil. Es empfiehlt sich nicht, zu Fuß zu kommen und die bekannten Fragen zu stellen. Ein mitteleleganter Oberkellner ritt, als ich in das Hotel eintrat, bereits auf seinem Drehschemel. »Kann ich ein Zimmer haben?« – »Ich werde fragen.« Er frug aber nicht, schritt vielmehr gleich danach mit dem bekannten Silberblechleuchter die Treppe hinauf, mich der Mitteilung würdigend, »daß No. 7 soeben frei geworden sei«. Diese Mitteilung schien sich bestätigen zu sollen, denn beim Eintritt in die besagte Nummer fanden wir eine Magd bei dem herkömmlichen, in drei Akten: ausgießen, eingießen und überziehen, sich vollziehenden Zimmer-Reinigungsprozeß vor. Ich war nicht begierig, Zeuge dieser Einzelheiten zu sein, und zog mich deshalb lieber in den parterre gelegenen Speisesaal zurück, um hier bei Beefsteak, Kulmbacher und den »Fliegenden Blättern« nicht gerade Mitternacht, aber doch die zehnte Stunde heranzuwachen. Endlich war sie da; noch ein Sodawasser mit Cognac, und ich stieg wieder in meine nach dem Hof zu gelegene Stube hinauf, an deren niedriger Decke sich ein überklebter Balken hinzog. Oben angekommen, war mein erstes, eins der beiden Fenster zu öffnen, da mich die eigentümliche Stubenatmosphäre mehr und mehr zu bedrücken begann. Es schien auch zu helfen. Und nun schob ich mich, müde wie ich war, unter das Bettuch.

Ich mochte eine Viertelstunde geschlafen haben, als das Hinausfliegen mehrerer Stiefelpaare auf den Korridor und das Angespanntwerden eines Hotel-Omnibus (gleich nach 1 Uhr kam ein neuer Zug) mich aus tiefem Schlafe weckte. Zugleich empfand ich einen dumpfen Kopfschmerz, über dessen Ursache ich nicht lange in Zweifel bleiben sollte. Die »frische Nachtluft«, die ich, um der stickigen Stubenatmosphäre willen, einzulassen bemüht gewesen war, stieg leider nicht aus Himmelshöhen zu mir nieder, sondern aus Hofestiefen zu mir herauf und war ein Brodem, wie ihn jeder aus Erfahrung kennt, der, um etliche Jahrzehnte zurück, noch im *alten* Münchener Hofbräu seinen Krug getrunken hat. Nur hatt ich hier die höhere Potenz.

Und an dieser Stelle mag ein kleiner Exkurs gestattet sein! Daheim an den Ufern unserer guten Spree gehört es zum guten Ton, über unsere Berliner Luft zu skandalisieren, und es soll unbestritten bleiben, sie könnte besser sein. Aber was will die durchschnittliche Berliner Hausatmosphäre im Vergleich zu dem Dunstkreise sagen, der in den meisten Hotels und Nicht-Hotels Sachsen-Thü-

ringens heimisch ist. Die Berliner Luft, auch wo sie am schlimmsten auftritt, ist ein Parvenu wie die Stadt selbst, jung, ohne Geschichte, ohne infernale Vertiefung. So schlecht sie sein mag, sie ist einfach, unkompliziert, sozusagen frisch von der Quelle weg. Wie anders dagegen die Hausatmosphäre in den Früh-Kulturgegenden Mitteldeutschlands! Altehrwürdig tritt sie auf, und man kann ohne Übertreibung sagen: die Jahrhunderte haben an ihr gebraut. Sie ist *geworden*, vor allem, sie ist undefinierbar, und wie man vom Kölnischen Wasser gesagt hat, das Geheimnis seiner Schöne läge in der *Lagerung*, so daß schließlich die Mannigfaltigkeit in einer höheren Einheit unterginge, so auch *hier.* Nur haben wir hier den Revers der Medaille.
Was aus Hofestiefen in mein Zimmer einströmte, gewann mehr und mehr an Gehalt, so daß ich als nächstes Rettungsmittel das Fenster schloß. Aber die Geister, die ich gerufen hatte, waren so schnell nicht wieder zu bannen. Sie waren *mit* mir, *um* mich und schienen wenig geneigt, sich so ohne weiteres austilgen zu lassen. Alle kleineren Mittel scheiterten; da kam mir der Gedanke, den Teufel durch Beelzebub auszutreiben. Ich steckte die »Bougies« an, ließ diese brennen, bis sich eine Schnuppe gebildet hatte, und blies sie dann aus. Nachdem ich dies Verfahren dreimal wiederholt hatte, hatte ich eine Art grönländische Hüttenatmosphäre hergestellt, in deren Rauch und Qualm die »Frische der Nachtluft« endlich glücklich unterging.

»Modernes Reisen« (1873) aus der Sammlung »Von vor und nach der Reise« (1894)

Dringender Reform-Bedarf

Auf die eine oder andere Weise muß hier Wandel geschafft, müssen die *Leistungen höher* oder die *Preise niedriger* werden. Das letztere wäre das bessere und ein wahrer Segen. Weg mit dem abgetretenen, lächerlichen Teppichfetzen, weg mit der tabaksverqualmten Goldtapete, weg mit dem schäbigen Plüschsofa und der türkisch geblümten Steppdecke, deren bunte Dunkelfarbe jede Möglichkeit zuläßt, vor allem weg mit dem großen Reisetyrannen, dem *Table d'hôte's-Unsinn*, weg mit den sieben Gängen, die bis zum letzten Bissen nichts repräsentieren als einen Wettlauf zwischen Hungrigbleiben und Langerweile. Denn wer wäre je an Leib gesättigt und an Seele erfrischt von diesem Zwei-Stunden-Martyrium aufgestanden! Statt dieses elenden Plunders eine gut ventilierte Stube, ein Stuhl und ein Tisch, eine Matratze und eine wollene Zudecke; vor allem die Freiheit, essen zu können, *was* man will und *wann man* will. Die Herren Wirte sind des Publikums willen da, nicht das Publikum der Wirte willen.

»Modernes Reisen« (1873) aus der Sammlung »Von vor und nach der Reise« (1894)

Das »Cabinet« in der Eisenbahn

Das »Cabinet« gewährte mir weiter keinen Vorteil als den, Mutter und Tochter abwechselnd verschwinden zu sehn. Meinem bißchen Humor tut dergleichen wohl; fragt man mich aber aufs Gewissen, wie ich all das nun eigentlich finde, so ström ich über von Indignation über diese Mischung von Mesquinerie und Roheit, die all unsre Zustände durchdringt. Das soll nun Nachahmung »amerikanischen Comforts« sein! Lucae versichert uns immer, in 20 Jahren würde Berlin eine der schönsten Städte Europas sein. Ich glaub es nicht, denn »es liegt nicht drin«. Mit Hilfe der Kanalisation, zu der ich nun mal schlechterdings kein Vertrauen habe, werden wir im Sterbe-Prozentsatz immer höher rücken, und hier und dort wird irgendein Pringsheim eine Kakel-Architektur in die Mitte langweiliger Häuser hineinstellen. Es fehlt der Sinn und ebenso an einer mit wirklicher Autorität ausgerüsteten Leitung. Wenn Schinkel jemals fehlte, so fehlt er jetzt.

An Frau Emilie, Basel, 5. August 1875

Dezenz

Das Hotel ist sehr gut; anfangs etwas steif und wichtigtuerisch, nachträglich aber aufgetaut. Von der Finesse, die geübt wird, mag das eine eine Vorstellung geben, daß der Ort, der sonst einfach eine Null oder die Aufschrift »Hier« zu tragen pflegt, im Hôtel de la Ville auf blankgeputzter Messingtafel die Inschrift führt: »Jardin«. Oh, du Rosenflor von Charlottenhof!
Das Diner verlief gut, aber stumm, was das Beste ist. Die langweilige, für jedermann nur unerquickliche Sprecherei kommt ganz ab. Ein wirklicher Fortschritt.

An Frau Emilie, Mailand, 11. August 1875

Fatale Nothilfe

Hannover macht einen vornehmen Eindruck, aber doch sonderbar; in mancher Beziehung wie München: groß, weit, leer, forcierte Gotik (die mir doch nicht recht scheinen will), überhaupt etwas Raufgepufftes, wie jemand, der sich über seine Kräfte anstrengt und dem die Puste ausgeht.
Die Nacht verbrachte ich anfangs sehr trübselig. Es herrschte in meinem Zimmer ein penetrant ammoniakalischer Geruch, vor dem ich nicht einschlafen konnte, und wenn ich schlief, gleich wieder aufwachte. Endlich entdeckt ich's; es war vergessen worden »auszugießen«, dem Bodensatze nach zu schließen, wohl seit drei Tagen schon. Que faire? Ich schritt zu einem Verdünnungsprozeß. Aber es wurde nur schlimmer: »do'nt touch it« ist die Devise solcher Beau-reste. So mußt ich denn auf irgendeine Weise *das* ausführen, was das Dienstmädchen vergessen hatte, und geräuschlos Fenster und Jalousien öffnend und den Vorbeimarsch einer Patrouille abwartend, schoß ich alles in goldenem Bogen (der Mond schien) bis mitten auf den Damm. Nachspülen; denn ich traute dem Frieden nicht und noch weniger dem Bodensatz, und nun wusch ich mich und legte mich beruhigt nieder. Das war meine »entrée joyeuse« in die Welfen-Hauptstadt, von der ich mir »als Christ, als König und als Welf« einen reinlichen poetischen Eindruck versprochen hatte. Das alte Lied. Zärtliche Brautpaare haben an ihrem Hochzeitstage, trotzdem Schiller sagt: »Und der Brautnacht hohe Freuden, die die Götter selbst beneiden«, in der Regel einen kolossalen Schnupfen. In den schwereren Fällen Kolik.

An Frau Emilie, Hannover, 26. Juli 1880

Historische Reminiszenzen

In Prag Ferien! Ist das statthaft?
Nach dem, was mir noch vom »Braunen Roß« und dem »Goldenen Stern« in Erinnrung ist, würd ich beide nicht zu den klimatischen Kurorten zählen; es ist in den Korridoren dieser alten Hotels so was Ammoniakalisch-Hofbräuartiges auf alle Ewigkeit hin zu Hause. Und man kann doch nicht immer in der Moldau liegen, auch wenn sie nicht, wenigstens um die Nepomukbrücke herum, für meine sensitive Haut einen ewigen Schudderton hätte. Ich kann nirgends von historischen Reminiszenzen absehn und würde mich nie haben entschließen können, im Tower mein Beilager zu halten. Aber Pardon für das Geplapper.

An Gustav Karpeles, Wernigerode, 18. August 1880

Deutschland und seine Örtchen

Die *Koppe* sieht mir gerad ins offenstehende Fenster, und die Wiesen *vor* mir tragen mir balsamische Luft zu, aber *hinter* mir liegt ein Korridor mit einem »Hier« und trägt mir so unbalsamische Luft zu, daß ich Kopfweh habe und vor Ekel nichts essen kann. Das »Hier« ist unter anderm die Lieblings-Rückzugsstätte zehn alter Jungfern, die an dem Korridor entlang wohnen und sich durch Ammoniak-Absonderungen auszeichnen. Wäre ich jünger und frischer und machte mir überhaupt noch was Spaß, so würd ich ein Feuilleton schreiben »Das Örtchen« und den vollkommen richtigen, durchaus nicht übertriebenen Satz durchführen: »jeder Ort in Deutschland scheitert am Örtchen«. Dobbertin, Dahlen (beim alten Schierstädt), Liebenberg, Lützburg (Knyphausen), Wernigerode (Kagelmann), Potsdam (Windel), Norderney, Thale und viele andre noch, alle werden wertlos und unbesuchbar durch das Ört-

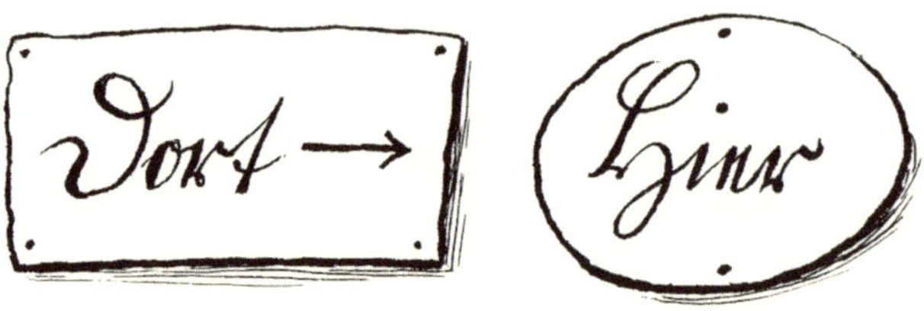

chen. Das klingt scherzhaft, ist aber eine ganz ernsthafte Kalamität. Mein erster Gang heute war in den Wald, in dem ich mir auch für die Zukunft einige verschwiegene Lauben ausgesucht habe. Wenn man will, »Sommerfrische« bis ins Letzte.

An Frau Emilie, Krummhübel, 19. Juli 1884

Reparaturbedürftigkeit des modernen Reisewesens

Ein Berliner Sommer, trotz Hobrecht und Kanalisation, ist und bleibt etwas Schreckliches. Freilich wo wäre es im Sommer nicht schrecklich! Es könnte schön sein, wenn die Welt und besonders der Teil derselben, der auf den Namen »Bad« oder »klimatischer Kurort« getauft ist, nicht aus lauter Gesindel bestünde, das in erster Reihe dem Grundsatz huldigt: »Für den Berliner ist alles gut genug.« Mit Genugtuung habe ich die verschiedenen Schmerzensschreie gelesen, die die geschindluderte Menschheit in den Spalten der Vossin losgelassen hat. Ich würde mit einstimmen, wenn ich nicht längst resigniert wäre. Wie man Bismarck oder seiner Frau gegenüber jeden Widerstand aufgibt, weil es einem doch nichts hilft, so klage ich auch über die sogenannten Kurörter und Sommerfrischen nicht mehr, aber daß es so ist, wie es ist, ist schrecklich. Daß man im günstigsten Falle für ein mäßiges, oft aber auch für ein exorbitantes Geld schandmäßig und geradezu lebensgefährlich verpflegt wird, kann wohl als unbestrittene Tatsache gelten, jeder weiß es, jeder fügt sich darin und tröstet sich mit dem Satze, daß er nicht um Dressels oder Hillers, sondern um der »Luft« willen an seinen klimatischen Kurort gegangen ist. Nicht Bouillon, aber Ozon. Gut. Aber wo gedeiht dies Ozon? Nirgends. So sehr nirgends, daß mich seit diesem Sommer ernsthaft die Frage beschäftigt, ob nicht der Berliner Kanal an der Potsdamer Brücke (wo die Äpfel und alten Bierpfropfen auf grünschäumender Flut tanzen) einer jeden beliebigen Gebirgsdorfgasse weit vorzuziehen sei. Man kann dann doch unmittelbar in den Weihenstephan oder zu Huth gehen und rasches antiseptisches Verfahren einleiten. Aber wo bleiben diese Hilfs- und Heilmittel hier, 2000 Fuß hoch über dem Meeresspiegel? Der Prozeß der Blutdekomposition nimmt an diesem blutreinigenden Doppel-Oxygen-Ort seinen ungehinderten Fortgang. Denn man bilde sich doch nicht ein, daß der Sauerstoff, der einfache oder der doppelte, wie er in Gebirgsdörfern verzapft wird, ein Element, ein einheitlicher Stoff sei. Es läßt sich umgekehrt behaupten, daß es nichts Komplizierteres gäbe. Die Hühner sorgen dafür, daß der Hühnerstall mit seinen eigentümlichen Vorzügen einen ambulanten, namentlich der Frühstückslaube zugute kommenden Charakter annimmt, schräg neben dem Schlafstubenfenster türmen sich mehr der Agrikultur als der Ästhetik dienende Stallhaufen auf, und um das ganze Haus her zieht sich ein tiefgesättigter Styx, der aus drei benachbarten Ställen einen unter Gras und Blumen versteckten, aber desto konzentrierteren Zufluß erfährt. All das ist Übels genug, kann aber bei Wind, der alles wegfegt, oder bei herrlichem Wetter, das höher hinauf in die Berge lockt, ertragen werden. Der Schlaf, der einem 10stündigen Marsche folgt, ist unkritisch. Aber ach, dies Jahr 86, das einen durch Regen oder Stichsonne konstant in die Stube bannt, dies Jahr 86 ist furchtbar, besonders an den vielen, vielen Tagen, wo statt Regen oder Sonne tiefziehende Wolken die Schreckensrolle übernehmen. Diese legen nun ihre schwere, große Hand über ein ganzes Dorf und tragen Sorge dafür, daß von all dem Kraftstoff, an dem Hühner, Schafe, Ziegen und last not least auch die Autochthonen dieser Gegenden gearbeitet haben, nicht ein einziges Gas-Atom verlorengeht. Ich glaube, daß das ganze moderne Reisewesen sehr reparaturbedürftig ist; auszuhalten ist die ganze Geschichte nur von denen, die so gesund und kreuzfidel sind, daß sie füglich auch zu Hause bleiben konnten.

An Friedrich Stephany, Krummhübel, 28. Juli 1886

Der Lokus im Levkojenbeet

Dann [gegen vier Uhr] ist das Schlimmste von Hitze überstanden und kleine Gartenpromenaden können folgen. Wobei mir einfällt, daß mitten im Garten, unter zahllosen Levkojen-Beeten, auch der »Locus« ist, an welchen letztren sich für mich tragikomische Erinnerungen knüpfen. Es ist ein durch eine Holzwand geteiltes Häuschen, dessen eine Hälfte für Erwachsene, die andre für Kinder ist. Letztre mit sehr niedrig gehaltenem Sitzapparat. Nun trifft es sich so unglücklich, daß für mich – der ich ja regelmäßig zu spät komme – nur immer der für Kindermaß berechnete frei ist, was mir Attitüden aufzwingt, die ich meinem bittersten Feind nicht wünsche.

An Frau Emilie, Seebad Rüdersdorf, 14. Juli 1887

Bayreuth – ein malerisches Drecknest

Es wäre hier alles ganz gut, aber die Gerüche sind fürchterlich. Wenn ich sie in ihrer Zusammensetzung erkennen könnte, möchte es gehen, aber in dem Undefinierbaren liegt etwas Schreckliches. Mir zur Seite, wenn auch 2 Etagen tiefer, ist eine Gänsehürde – diese habe ich im Verdacht, die Hauptsünderin zu sein; allgemein Sonnabendsches – es wird alles gescheuert – mischt sich ein. Der Bahnhofsportier schickte mich durch eine Duenna hier herüber, und ich bin ein bißchen das Opfer einer Kleinen-Leut- und Unter-der-Hand-Verschwörung. Jetzt habe ich es: es sind die gewaschenen Wolldecken, die meinen alten Ingrimm gegen blankets etc. nur noch steigern.

Die Stadt und das Leben hier sind hochinteressant: vergorene Residenz, malerisches Drecknest und dazwischen das denkbar feinste und intelligenteste Publikum – Engländer aller Arten und Grade, sehr vornehme und daneben kolossale Karikaturen. Bierkneipen und Hotels 1. Ranges, in deren einem, »Zum Reichsadler« (mit einem alten malerischen Brunnen in Front), ich eben gegessen habe. Nach den Anstrengungen des heutigen Tages mußte ich mir etwas gönnen, und die »Gerüche« hier verlangen Balancierung, sonst werde ich krank.
Ich freue mich, daß ich hier bin, sehe aber ein, daß die ganze Geschichte doch nur für Lords und Bankiers inszeniert ist. So daß man eigentlich nicht hineingehört. Wer mit keinem Tonnengewölbe-Koffer ankommt, ist von vornherein unten durch. Zwei Tage wird es aber gehen.

An Frau Emilie, Bayreuth, 27. Juli 1889

»Ein doctornder Ehekrüppel«

Der entlaufene Apotheker als Hausarzt

Hungerkur

Was Dein Unwohlsein angeht, so können wir uns mit Gegenseitigkeit trösten, nur ist es keine Nerven-Affektion, was mich heimgesucht hat, sondern ganz einfach ein kolossal verdorbner Magen, der schließlich bei dieser schandbaren Küche nicht ausbleiben konnte. Immer Lachs und Hammel und Hammel und Lachs ist an und für sich kaum auszuhalten, sind aber diese beiden Unvermeidlichkeiten auch noch schlecht, wie das leider oft genug vorkommt, so ist kein deutscher Magen diesen Strapazen gewachsen. Ich habe mich durch 48stündiges Hungern, Soda und Lindenblütentee auf gut deutsch kuriert und fühle nur noch eine große Mattigkeit in den Gliedern. Vielleicht hab ich mit diesem Anfall zugleich das klimatische Fieber abgemacht, dem kein Fremder hier entgehen soll.

An Frau Emilie, London, 13. Mai 1852

Gardinenpredigt wegen unsachgemäßer Zahnreinigung

Daß Du zu vielem andren nun auch noch allerhand Körperschmerzen zu tragen und nicht mal nächtliche Ruhe hast, tut mir in der Seele weh, und glaub ich wohl, daß Dir meine doctornde Geduldshand dabei manch liebes Mal gefehlt haben mag. Wie gewöhnlich wirst Du aber wohl einen großen Teil der Schuld tragen und durch allerhand – verzeihe das Wort – Unsinnigkeiten Dein Zahnweh verschlimmert haben: wirst vermutlich wieder wacker mit bloßen Füßen umherpromeniert und mit Messer und Gabel, Nadel und Zunge in den Zähnen beschäftigt gewesen sein; wirst kein Brausepulver oder Cremor Tartari, sondern womöglich Wein oder Tee getrunken haben, und da soll denn ein doctornder Ehekrüppel nicht rasend werden, wenn seine Vorschriften und Ratschläge nicht helfen.

An Frau Emilie, London, 14. Juni 1852

Zahnweh beim Ältesten

Wenn George Zahnweh hat, so muß er sich zunächst den Mund ausspülen oder, wenn er das noch nicht kann, Wasser trinken. Dann nimmst Du ein Kügelchen von weichem Papier und trocknest ihm, versteht sich nach vorhergegangener Säuberung des hohlen Zahns, den letzteren damit aus. Dann Paraguay-Roux in bekannter Weise oder im schlimmsten Fall einen *kleinen* Tropfen Pfefferminzöl.

An Frau Emilie, London, 15. November 1855

Vorsicht bei Fieber

Das Unwohlsein des Kindes [George] ist, denk ich, von keinem Belang. Solch Fieber jagt andre Krankheiten fort, nur muß es sorglich traktiert werden, d. h. *Rückfälle dürfen nicht vorkommen.* Zu dem Behuf sind die Schweitzerschen Pillen trefflich. Ich seh ihn heut abend auf eine Minute und werde fragen, wie stark sie sind; – ich schreib Dir dann am Montag. Sei in dieser Sache achtsam; Fieber kehrt nämlich *immer* wieder, weil die Menschen *immer* dumm, leichtsinnig oder knausrig verfahren. Und wenn 7 Wochen bereits vergangen sind, müssen bestimmte Anordnungen und ein mäßiger Gebrauch von Chinin immer beibehalten werden. Sage dem kleinen lieben Kerl, daß ich ihm auch eine schottische Mütze und einen Bun mitbringen würde, vorausgesetzt daß er artig ist und gut einnimmt.

An Frau Emilie, London, 5. Juli 1856

Unglaubliche Aufforderung

Ich wünsche recht *sehr*, daß Du ein gesundes Kind zur Welt bringst, das Geschlecht ist vorläufig gleichgültig, und alles wird dankbar akzeptiert. Nur keine allzu elenden Würmerchen; es ist eine Art Ehrensache; also nimm Dich zusammen und tu das Deine. Man schreibt mir sonst auf den Grabstein: seine Balladen waren strammer als seine Kinder.

An Frau Emilie, London, 5. Juli 1856

Gynäkologisches Privatissimum

Ich wollte Dir nur noch (ich hab es mir schon lange vorgenommen, aber immer wieder vergessen) eine Art medizinischen Vortrag über Deinen Zustand halten. Ich habe dabei den Zweck, Dich zur Vorsicht und zu einem raisonablen Verfahren zu ermahnen. Was bei Dir schwach ist, sind die sogenannten Mutterbänder, die wie zwei Strippen das Kind in der Schwebe halten. Starke Strippen können viel tragen, schwache wenig. Daher sind Deine Kinder so klein und kümmerlich, weil die Natur in ihrer Weisheit an diese Bänder nicht mehr hängt, als sie einigermaßen tragen können. Wenn Du Dich nun aber viel ruhst (es gibt Frauen, die die ganzen 9 Monat auf dem Sofa liegen), so ist kein Grund vorhanden, warum das Kind nicht wachsen und gedeihen sollte, weil die Bänder dann wenig oder nichts zu tragen haben.

An Frau Emilie, London, 23. Juli 1856

Ammen-Sorgen

Pflege Dich gut, habe Bewegung, aber mäßig, iß Fleisch und trinke (nach Georges Vorschrift) Kaffe, so wird mit Gottes Hilfe alles gut gehn. In Betreff einer Amme kann ich von hier aus wirklich keinen Rat geben. Alle Ammen sind greulich, aber notwendig. Da liegt ohngefähr mein Rat drin, d. h. nimm eine und bezwinge Deine Abneigung in dem Gefühl, daß solche lebendige Milchquelle nötig ist. Fühlst Du vorher, daß Du das nicht kannst, so nimm lieber keine. Sonst entsteht Ärger, Du wirst krank, die Amme auch und schließlich auch das Kind. Nur so viel sei schon heute gesagt, laß Dich nicht durch Ökonomie und Geldrücksichten abhalten, eine Amme zu nehmen. Es muß beschafft werden, und *so viel* werd ich doch wohl von hier aus zuverdienen. Du mußt die Sache mal mit Koblanck [dem Hausarzt] besprechen.

An Frau Emilie, London, 2. August 1856

Merkwürdige Gratulation

Also doch wieder ein Junge! Es scheint, daß wir auf Mädchen Verzicht leisten müssen, und wir wollen uns auch weiter keine Mühe drum geben; das weibliche Geschlecht verdient es nicht einmal. [...]
Wenn Du nur mehr Regelmäßigkeit in die Sache brächtest! Erst mit dem Kopf zuerst, dann mit den Beinen, nun gar mit dem Allerwertesten; wohin soll das schließlich noch führen ?!

An Frau Emilie, London, 5. November 1856

Umgang mit der Krankheit

Halte Dir doch ja Pastillen im Hause, damit Du Georgen gelegentlich davon eingeben kannst; »abführen« ist doch ¾ aller Heilkunde, und jede Krankheit tritt milder auf, wenn man ihr von Anfang an mit *Offenheit* entgegentritt.

An Frau Emilie, London, 12. Dezember 1856

Hundebiß

Friedeln hat der Hundebiß hoffentlich nicht geschadet; Hundebisse haben immer ein schlechtes Renommee.

An Frau Emilie, Berlin, 6. Juli 1867

Vorschläge für den Morgen

Nur noch ein Wort über Deinen Gesundheitszustand. Ich proponiere Dir folgendes: Morgens, gleich nach dem Aufstehn, einen Teelöffel von Rhabarberwein und Magnesia mit Sodawasser. Ist Dir das letztre zu unbequem, so nimm diese Mischung eine Stunde *nach* dem Frühstück. Im übrigen trinke den Vichy nicht als solchen, sondern halb und halb mit Soda- oder Selterwasser, oder selbst ¼ Vichy und ¾ Selterwasser. Ich habe ausprobiert, daß er einem dann besser bekommt.

An Frau Emilie, Erdmannsdorf, 5. September 1868

Vermeintliches Allheilmittel

Ich will Dich nicht mit Rechthaberei quälen, aber Du tätest gut, wenn Du in allen Gesundheitsfragen mehr auf Deinen Mann hörtest. Ich darf wirklich sagen, ich habe diese Fragen gründlich studiert, und da unsre nervösen Organismen sich sehr ähnlich sehn, so weiß ich auch ziemlich genau immer, was Du tun mußt, weil ich eben genau weiß, was *ich* zu tun habe. Ich habe die geheimnisvolle Kraft des Luft-, Orts- und Umgebungswechsels zu oft erprobt, seinen Segen zu oft erfahren, als daß ich mich in diesen Dingen irren könnte. Ich kann natürlich nicht Pocken oder Cholera oder Magenkrebs durch Luftwechsel kurieren, aber solche Zufälle, an denen wir zu leiden pflegen, heil ich unter 9 Fällen von 10 durch bloßen change of air. Kommt dann noch so viel Liebes und Gutes hinzu, wie Dir Neuhof jedesmal bietet, so ist die Kur gemacht. Erwäge, man hat gegen sich selbst und fast noch mehr gegen andre die *Pflicht*, nicht mehr und nicht länger krank zu sein, als eben unvermeidlich ist; man kürzt sich und andern dadurch die frohen Lebensstunden ab und gibt gar nichts dafür. Daß es an Bangen und Sorgen im Leben nicht fehlt, dafür ist ja ohnehin gesorgt; aber nun mache man auch dies Trübsals-Maß nicht voller, als nötig ist. Leicht zu leben ohne Leichtsinn, heiter zu sein ohne Ausgelassenheit, Mut zu haben ohne Übermut, Vertrauen und freudige Ergebung zu zeigen ohne türkischen Fatalismus – das ist die Kunst des Lebens. In vielen Stükken ordne ich mich unter, aber auf diesem Punkt bin ich Autorität. Und nun, nach dieser wohlgemeinten Pauke, zu andern Dingen.

An Frau Emilie, Berlin, 21. Oktober 1868

Ehe-Mondstabellen

In unsrem Hause, unberufen und unbeschrien, geht es leidlich. Emilie, die von Weihnachten bis Ostern körperlich und geistig in trauriger Verfassung war, hat sich wieder recht erholt und sieht die Welt im Allgemeinen und mich im Speziellen wieder mit andern Augen an. Ich könnte Ehe-Mondstabellen herausgeben. Vom November an abnehmend, Weihnachten letztes Viertel, dann 4 Monate lang totale Verfinsterung, zu Ostern der erste goldne Sichelstreifen, der holde Mondkahn, um nun in den Stillen Ozean des Frühlings und Sommers einzuschiffen. Nach Pfingsten Vollmond. Ich nehme dies alles jetzt wie Natur-Erscheinungen hin, freue mich des blauen Himmels und murre nicht, wenn es regnet. Ich weiß, alles hat seine Zeit.

An die Mutter, Berlin, 29. Mai 1869

Hilfe bei »verlatschtem Magen«

Morgen abend werden alle unter dem Christbaum versammelt sein und zwei Stunden später den durch Pfefferkuchen und Marzipan verlatschten Magen mit Hilfe des herkömmlichen Heringssalates wieder in Ordnung bringen.

An Mathilde von Rohr, Berlin, 23. Dezember 1876

Psychosomatisches

Ich glaube mich auf psychische Zustände und auch auf Körperzustände, die mit dem Psychischen zusammenhängen, wundervoll zu verstehn, denn ich habe sie seit über 30 Jahren an mir und Mama studiert; ich darf sagen, ich weiß in dieser Materie Bescheid, und für *mich* steht es vorläufig fest, daß Du, wenn Du Dich morgen glücklich verlobtest und übermorgen mit Mama, mir und einer schweren Reise-Kassette nach Italien reistest, schon in München gut, in Verona *sehr* gut schlafen und in Rom als eine vollkommen Genesene Krokus und Anemonen pflücken und beides, unter Versicherungen überschwenglichen Glückes, in die Heimat schicken würdest. Ich weiß wohl, daß es auch Ausnahmen von dieser Regel gibt und daß manche »nur so hinschwinden«; aber zu diesen Ätherischen gehörst Du keineswegs, und vorläufig halt ich mit tiefster Überzeugung an der Ansicht fest, daß Du, wie Du da bist, ein Produkt der »Verhältnisse« bist. Mit dem Augenblicke, wo sich diese Verhältnisse bessern, werden sich auch Deine Zustände bessern, und zwar wiederum ganz nach den Verhältnissen, entweder allmählich oder auch im Nu. Mit andern Worten: mäßiges Glück, mäßige Kur, wunderbares Glück, wunderbare Kur. Dies alles soll aber nicht heißen, daß ich Deinen gegenwärtigen Elendszustand im geringsten bezweifelte, Du *bist* elend, aber trotzdem! Ich habe Deine Mama krank und unglücklich auf dem Bette liegen und durch einen Geldbrief oder einen schmeichelhaften Besuch oder ein Eis-Baiser auf der Stelle wieder zu Kräften kommen sehn. Und in dem allen war durchaus keine Komödie. Nervöse Menschen stellen alles auf den Kopf und können sich einen verdorbenen Magen durch Hummersalat oder Aalpastete kurieren, immer vorausgesetzt, daß sie plötzlich einen Heißhunger auf das eine oder andre kriegen. Was sie vor allem brauchen, ist Sonnenschein, Liebe, Glück, aber jeden Tag anders, jeden Tag neu, und wenn sich das alles wie beim Koch oder in der Apotheke bestellen ließe, so wären die nervösen Leute nicht bloß die nettesten und heitersten, sondern auch die *gesundesten.*
Mit mir geht es etwas besser, aber immer noch nicht gut, was ich unter anderm auch *daran* sehe, daß ich noch immer keine Lust habe, beim Prinzen Champagner zu trinken; gäb es statt des Champagners Schwarzhof oder Brauneberger und statt der Parmesan-Stangen Kümmelbrötchen, so hätt ich mich vielleicht schon wieder gesund gemeldet.

An Tochter Martha, Berlin, 17. Februar 1882

Die Luftmedizin der Zukunft

Mama kam hier noch recht elend an, aber schon die ersten drei, vier Tage haben Wunder getan; es bleibt dabei: »Luft ist kein leerer Wahn«, und ich denke mir die Zukunft der Medizin und speziell der Hygiene so, daß die Luftarten in ihren hundert Nuancen *alles* bedeuten. Und wie die Pharmazien jetzt aus Flaschen und Büchsen bestehn, deren Inhalt unter lateinischem Namen verschrieben wird, so werden die Rezepte der Zukunft lauten: drei Wochen Lofoten, sechs Wochen Engadin, drei Monate Wüste Sahara. Auch die Malaria-Gegenden werden tageweis eingegeben werden, wie man jetzt Arsenik oder Strychnin eingibt. Die große Wirkung der Luftmedizin liegt in ihrer Perpetuierlichkeit – man kommt aus dem Heilmittel bei Tag und Nacht nicht heraus.

An Tochter Martha, Krummhübel, 18. August 1884

Bier als Roborans

Auch ich beklage, daß Du nicht voll bei Wege bist und mehr oder weniger am Magen laborierst. Ich denke, die frische Brise von Warnemünde und Dein altes Element: das Wasser, werden die kl. Magen- und Nervenverstimmung wieder wegspülen. Mama hat schon von Cognac etc. geschrieben, sei vor allem auch viel draußen, in frischer Luft, Münster soll ja herrliche Promenaden und Kaffegärten haben, Kaffegärten, in denen man natürlich Bier trinkt. Und Bier ist ein Roborans.

An Tochter Martha, Kissingen, 24. Juli 1889

Hautneurose

Eben erhalte ich Deine Karte und weiß doch nun auch den Namen: »Hautneurose«; ich habe nie bezweifelt, daß es das und nichts andres sein werde, ein Nervenleiden, das die Haut empfindlich macht und allerlei Erscheinungen hervorruft; es ist unbequem genug, aber doch vergleichsweise nicht was Schlimmes.

An Frau Emilie, Wyk, 23. August 1891

Cognac statt Medizin

Mama [...] ist noch sehr herunter, wiewohl seit gestern mittag auch ein besserer Zustand eingetreten ist. Diese Wandlung zum Beßren verdanken wir der Cognacflasche; die Medizin etc. versagte völlig. Es muß in solchen Fällen recht langweilig sein, Arzt zu sein, überhaupt, mit Ausnahme des Chirurgischen.

An Tochter Martha, Berlin, 22. März 1892

Appetitlosigkeit

Schon während der letzten Karlsbader Tage war ihr [Frau Emilie] nicht wohl, und die Reise, neun schreckliche Stunden, trotzdem alles gut ablief, tat ihr völlig den Dampf. Sie wird sich aber schnell erholen, denn Obstruktionen und Appetitlosigkeit, an denen sie litt, werden bei Bohnen und Hammelfleisch, nach denen sie eine großartige Sehnsucht hatte, rasch hinschwinden.

An Tochter Martha, Berlin, 12. September 1895

Gegen Pillen und Mixturen

Und nun Dein Zustand, der uns Sorge macht. Ich bilde mir ein, in solchen Stücken auch ein Stück Doktor zu sein. Der alte Witz, daß man sich bei derartigen Leiden selber in die Kur zu nehmen habe, ist durchaus richtig. Ich finde es grausam, von einem Kranken Kraft- und Überwindungsleistungen zu fordern, deren vielleicht selbst der Gesundeste nicht fähig ist; der Kranke soll nach dem Maße seiner geschwächten Kraft gemessen werden; aber das hebt den Satz nicht auf, daß der Kranke, weit über alle öde Dokterei hinaus, bemüht sein muß, sich seelisch richtig zu stellen. Er muß die Fähigkeit haben, den gesunden Menschen in sich auszuscheiden und diesen gesunden Menschen neben seinem kranken beständig hermarschieren zu lassen, immer zuredend, beschwichtigend, bekämpfend. Im ganzen genommen waren die Leute, bis auf Kant und Hegel, unsrem jetzigen Geschlechte in diesem Punkte weit voraus; sie hatten bestimmte Sätze, mit deren Hilfe sie sich zurechtrückten und allem Unglück, aller Kränkung und aller Krankheit gegenüber eine gute Defensive gewannen. Glückt es Dir, unter möglichster Bekämpfung oder Leichtnehmung des Ich, mit freien, aus einem richtigen Leben abstrahierten Vorstellungen an Dein Spezialleiden heranzutreten, so hast Du schon ¾ gewonnen. Mit Pillen und Mixturen ist gar nichts zu machen und mit dem Genfer See womöglich noch weniger. Alle diese Aufenthalte (deshalb ging ich zuletzt in kleine ärmliche Bauden im schlesischen Gebirge) sind tödlich langweilig und steigern mit ihrem unvermeidlichen Ärger nur das Unbehagen. Könntest Du Dienstag und Freitag eine Kegelpartie mit drei sehr klugen, sehr witzigen und sehr liebenswürdigen Menschen haben, so wärst Du in drei Monaten so gesund wie der Fisch im Wasser. Das Wichtigste für den Menschen ist der Mensch, da liegt nicht bloß sein Glück, da liegt auch seine Gesundheit. Ich theoretisiere hier nicht, ich bin Praktiker.

An Sohn Theodor, Berlin, 25. Dezember 1895

Hilflose Empfehlungen bei Scharlach-Epidemie

Leider kann ich von hier aus auch kein Spürchen von Trost spenden; – Schicksal, nimm deinen Lauf. Ihr müßt beide alles über Euch ergehen lassen, wie auch die Würfel fallen; gurgelt nur, was das Zeug halten will, und nehmt alle paar Stunden von 11oder 12 Uhr an einen tüchtigen Schluck Rotwein. Und ein Glas guten Tee, aber self made, und ohne Milch, nur mit etwas Cognac. Und nur essen, worauf Ihr lebhaftesten Appetit habt, sonst lieber gar nichts.

An Tochter Martha, Berlin, 13. Juni 1896

»Tand, Tand ist das Gebilde von Menschenhand«
Zivilisationsskepsis und Resignation

Was ist Glück?

[Architekt] Licht ist der Sohn einer armen Witwe, wenn ich nicht irre; dabei ein zwar netter, aber doch ziemlich unbedeutender Mensch; – er wird nun ein Millionär. Denn das Vermögen des alten Heckmann [dessen Tochter Licht heiratet] wird auf 5 oder ich glaube sogar auf 8 Millionen geschätzt. Er ist, an *solidem* Reichtum, der erste in Berlin, auch noch über Borsig. Mir wurde wieder recht klar: wie's kommen soll! Ein blutarmer Teufel, ohne jeglichen Anspruch; heute eine Brotrinde, morgen ein Füllhorn über sich. Aber wollte Gott, daß mich einen Augenblick ein Neid angewandelt hätte. Im Gegenteil, ich empfand deutlich: wie gleichgültig das alles! Wer satt zu essen hat, kann sich neben jeden Crösus stellen. Das Glück liegt wirklich woanders als in aufgetürmten 5-Taler-Scheinen. Und schließlich – um 9 ist alles aus, und niemand kann's mitnehmen. Es wäre wohl auch in den meisten Fällen ein *bedenklicher* Ballast.

An Frau Emilie, Berlin, 19. Oktober 1869

Gottvertrauen

Daß sich vieles auch für *Beibehaltung* einer solchen Stellung [als Theaterkritiker] sagen läßt, weiß ich sehr wohl und hab ich *nie* bestritten. Ich bestreite nur, daß meine Entschlüsse in solchen Dingen in der Regel falsch seien; bisher – Sie kennen ja mein Leben seit 20 Jahren – sind sie *immer richtig* gewesen; Gott aber ist mein Zeuge, daß ich dies nicht meiner superklugen Weisheit und Berechnung, sondern lediglich *seiner Gnade zurechne*; an Gottes Segen ist alles gelegen. Es gibt nichts, wovon ich *so* durchdrungen wäre; die menschlichklügsten Pläne scheitern, wenn sie scheitern sollen, und so bin ich, auch bei dem Wohlerwogensten, das ich tue, immer davon erfüllt, daß es mir ebensogut zum Nachteil wie zum Vorteil ausschlagen kann. In nichts hat man den Sieg, den Erfolg in der Tasche.

An Mathilde von Rohr, Berlin, 5. Januar 1872

Wer garantiert das Glück?

Wollte Gott, daß es, nach *dieser* Seite hin [gemeint sind die finanziellen Sorgen], in meinem Herzen ruhiger aussehe, ich kann ein beständiges Bangen darüber nicht loswerden, daß ich ohngefähr dreimal soviel Geld ausgebe, als ich mit einer Art Sicherheit zu verdienen imstande bin, und daß alles Fehlende mir alljährlich wie durch ein Wunder zufällt. Nun ist die Gnade Gottes zwar die einzige Garantie unsres und *jedes* Glückes, aber es liegt in der Eigenwilligkeit der menschlichen Natur, das Glück wie ein natürliches Resultat eignen Tuns und Könnens anzusehn, statt es tagtäglich, und immer neu, von der wunderwirkenden Hand Gottes zu erwarten. Das Sprichwort, dessen Zutreffendheit selbst die Frommen zugeben: »Hilf dir selbst, so wird Gott dir helfen«, unterstützt zu erheblichem Grade den Wunsch des Menschenherzens, auch der eignen Helfe-Kraft vertrauen zu dürfen, und so ist ein Zagen begreiflich, wenn man sich tagtäglich von der Unausreichendheit der eignen Kräfte und Hilfsquellen überzeugt. Andrerseits haben uns wieder gerade die letzten Wochen und Monate gezeigt, wie unzuverlässig das *äußere* Glück ist, und je älter ich werde, je länger ich das Leben beobachte, desto mehr bekenne ich mich zu Ihrem mir so oft ausgesprochenen Satze, daß an dem schlecht oder liederlich oder gar in Verbrechen Erworbenem kein Segen haftet. Ein paar Ausnahmen mögen vorkommen, aber sie zählen nicht.

An Mathilde von Rohr, Berlin, 28. Dezember 1874

Die Brück am Tay

When shall we three meet again. *Macbeth*

»Wann treffen wir drei wieder zusamm?«
»Um die siebente Stund, am Brückendamm.«
»Am Mittelpfeiler.«
»Ich lösche die Flamm.«

»Ich mit.«
»Ich komme von Norden her.«
»Und ich von Süden.«
»Und ich vom Meer.«

»Hei, das gibt einen Ringelreihn,
Und die Brücke muß in den Grund hinein.«

»Und der Zug, der in die Brücke tritt
Um die siebente Stund?«
»Ei, der muß mit.«

»Muß mit.«
Tand, Tand,
Ist das Gebilde von Menschenhand!«

Auf der *Norderseite*, das Brückenhaus –
Alle Fenster sehen nach Süden aus,
Und die Brücknersleut, ohne Rast und Ruh
Und in Bangen sehen nach Süden zu,
Sehen und warten, ob nicht ein Licht
Übers Wasser hin »ich komme« spricht,
»Ich komme, trotz Nacht und Sturmesflug,
Ich, der Edinburger Zug.«

Und der Brückner jetzt: »Ich seh einen Schein
Am anderen Ufer. Das muß er sein.
Nun, Mutter, weg mit dem bangen Traum,
Unser Johnie kommt und will seinen Baum,
Und was noch am Baume von Lichtern ist,
Zünd alles an wie zum Heiligen Christ,
Der will heuer *zweimal* mit uns sein –
Und in elf Minuten ist er herein.«

Und es war der Zug. Am *Süder*turm
Keucht er vorbei jetzt gegen den Sturm,
Und Johnie spricht: »Die Brücke noch!
Aber was tut es, wir zwingen es doch.
Ein fester Kessel, ein doppelter Dampf,
Die bleiben Sieger in solchem Kampf.
Und wie's auch rast und ringt und rennt,
Wir kriegen es unter: das Element.

Und unser Stolz ist unsre Brück;
Ich lache, denk ich an früher zurück,
An all den Jammer und all die Not
Mit dem elend alten Schifferboot;
Wie manche liebe Christfestnacht
Hab ich im Fährhaus zugebracht,
Und sah unsrer Fenster lichten Schein,
Und zählte, und konnte nicht drüben sein.«

Auf der Norderseite, das Brückenhaus –
Alle Fenster sehen nach Süden aus,
Und die Brücknersleut ohne Rast und Ruh
Und in Bangen sehen nach Süden zu;
Denn wütender wurde der Winde Spiel,
Und jetzt, als ob Feuer vom Himmel fiel',
Erglüht es in niederschießender Pracht
Überm Wasser unten ... Und wieder ist Nacht.

———

»Wann treffen wir drei wieder zusamm?«
»Um Mitternacht, am Bergeskamm.«
»Auf dem hohen Moor, am Erlenstamm.«

»Ich komme.«
»Ich mit.«
»Ich nenn euch die Zahl.«
»Und ich die Namen.
»Und ich die Qual.«

»Hei!
Wie Splitter brach das Gebälk entzwei.«

»Tand, Tand,
Ist das Gebilde von Menschenhand.«

28. Dezember 1879 / Gedichte I, S. 166 ff.

Alles ist Glück und Gnade

[...] je älter ich werde, je tiefer empfinde ich, *alles* ist Glück und Gnade, das Kleine so gut wie das Große, und der verdrehte Pastor Bernhardi mit seinem Dreckweib von Frau (geb. Guticke) hatte recht, wenn er betete: »Gott, laß heute die Sonne scheinen; meine Frau hängt heute Wäsche auf.« Natürlich ist es frech und kindisch, den lieben Gott mit solchem Gebet zu inkommodieren, aber *das* ist richtig, daß wir nichts in unsrer Hand haben und daß wir von Minute zu Minute von einer Rätselmacht abhängig sind, die uns streichelt oder schlägt. Daher ist das mir Widerstrebendste und Ängstigendste das Vorsehung spielen Wollen so vieler Leute. Gott läßt sich nicht hineinpfuschen.

An Frau Emilie, Krummhübel, 19. Juli 1886

Es kribbelt und wibbelt weiter

Die Flut steigt bis an den Ararat
Und es hilft keine Rettungsleiter,
Da bringt die Taube Zweig und Blatt –
Und es kribbelt und wibbelt weiter.

Es sicheln und mähen von Ost nach West
Die apokalyptischen Reiter,
Aber ob Hunger, ob Krieg, ob Pest,
Es kribbelt und wibbelt weiter.

Ein Gott wird gekreuzigt auf Golgatha.
Es brennen Millionen Scheiter,
Märtyrer hier und Hexen da,
Doch es kribbelt und wibbelt weiter.

So banne dein Ich in dich zurück
Und ergib dich und sei heiter;
Was liegt an dir und deinem Glück?
Es kribbelt und wibbelt weiter.

1885/88 / Gedichte I, S. 45

Zeichen innerlichen Verfalls

Lebe ich oder träume ich, leben wir unter Wilhelm I. oder unter Fr. W. I., unter Moltke oder unter dem alten Dessauer, haben wir eben bei Sedan oder bloß bei Malplaquet gesiegt, sind wir in den Händen von Werbe-Offizieren oder im Schutze freiheitlicher uns unser Recht und unsre Würde garantierender Gesetze? Ja, die Sache liegt so, daß *Sie* persönlich unter den Werbe-Offizieren besser dran gewesen wären! Im ganzen leben wir in einer forschen und großen Zeit, und ich danke Gott täglich, daß ich nicht bloß 1837, wo der Pegelstand am niedrigsten war, sondern auch noch 1887 erlebt habe; wir sind aus dem Elend, der Armut und Polizeiwirtschaft heraus, alles gut, aber neben unsrer neuen Größe läuft eine Kleinheit, eine Enge und Unfreiheit her, die die verachtete Stillstands- und Polizeiperiode der 20er und 30er Jahre nicht gekannt hat. Besonders die militärische Welt überschlägt sich; es ist der verwöhnte Sohn im Hause, der, weil er am besten reiten und tanzen kann, sich unter Zustimmung der Eltern alles erlauben darf. Der Rest der Welt, wenn er eine eigne Meinung haben will, ist nur dazu da, gescholten und verdächtigt, unter allen Umständen aber angepumpt zu werden. Von dieser militärischen Welt gilt in gesteigertem Maße das, was von der ganzen Zeit gilt: im ganzen glänzend, im einzelnen jämmerlich. Dabei mehren sich die Zeichen innerlichen Verfalls: Selbstsucht und rücksichtslosestes Strebertum sind an die Stelle feinen Ehrgefühls und vornehmer Milde getreten, und während in den Herzen Roheit und destruktive Ideen Fortschritte machen, zeigt sich nach außen hin ein toter, bei uns nie dagewesener Byzantinismus. Dabei wird die Jugend immer fachmäßig dummer, dem Hammel, der vorspringt, springen die andern nach, und an die Stelle selbständigen Denkens ist Salamanderreiben und Nachplapperei getreten.

An Georg Friedlaender, Berlin, 3. April 1887

Würd es mir fehlen, würd ich's vermissen?

Heute früh, nach gut durchschlafener Nacht,
Bin ich wieder aufgewacht.
Ich setzte mich an den Frühstückstisch,
Der Kaffee war warm, die Semmel war frisch,
Ich habe die Morgenzeitung gelesen
(Es sind wieder Avancements gewesen).
Ich trat ans Fenster, ich sah hinunter,
Es trabte wieder, es klingelte munter,
Eine Schürze (beim Schlächter) hing über dem Stuhle,
Kleine Mädchen gingen nach der Schule –
Alles war freundlich, alles war nett,
Aber wenn ich weiter geschlafen hätt
Und tät von alledem nichts wissen,
Würd es mir fehlen, würd ich's vermissen?

1885/89 / Gedichte I, S. 28 f.

Nur der Geldbeutel zählt

Sie werden sich über ein gewisses Abwieglungsmoment in meinen letzten Zeilen gewundert haben, aber es hängt damit zusammen, daß ich, nachdem ich ein Leben lang ein Hoffer, ein Erwarter, ein freudiger Inangriffnehmer aller möglichen Dinge gewesen, sozusagen über Nacht ins Resignationslager übergegangen bin. Alle reformatorische Macht ruht heutzutage beim Geldbeutel, Ideen gelten wenig, Recht gilt gar nicht. Wer reich ist oder eine bestimmte Machtstellung einnimmt, kraft welcher er helfen und fördern kann, der kann aus sich heraus, sozusagen direkt, viel Gutes schaffen, wer aber mit nichts kommt als mit Idee, Wahrheit, Recht, wer losgelöst von eigner und andrer Selbstsucht eine »Frage« durchfechten will, der kann nur gleich zu Hause bleiben. Es gibt nur noch persönliche, aber keine höheren Interessen, alles wird durch Furcht oder Vorteil oder Ehrgeiz bestimmt.

An Georg Friedlaender, Berlin, 17. Juni 1887

Die Inquisition war harmlos dagegen

Literarisch und allerpersönlichst kann Ihnen diese Rechtfertigung von so ganz besonders berufener Seite her nur Freude machen, aber wenn Sie von Ihrer Person abstrahieren und den Fall als signatura temporis und nicht als bloß möglich *in* Preußen, sondern auch als charakteristisch *für* Preußen ansehn, so muß man, und Sie mit, als Patriot und Mensch blutige Tränen weinen. Das ist auch immer der Standpunkt gewesen, den ich dieser unglückseligen Sache gegenüber eingenommen habe; der Schmerz, die Kränkung, die Beängstigungen, die Sie durchmachen mußten, das hat mir alles furchtbar leid getan, aber was mich empörte, hatte mit Ihrer Person nichts zu tun und war ein Achselzucken und fast ein Grauen darüber, daß man am Ausgange des 19. Jahrhunderts *das* in einem Staate erleben muß, der stolz ist auf seine Bildung, seinen Fortschritt, seine Freiheit. Da war die Inquisition nichts dagegen. Denn die Inquisition, so glücklich ich bin, ihre Zeiten nicht erlebt zu haben, handelte doch aus einem großen Prinzip heraus, es stand beständig eine Welt oder doch eine Weltanschauung auf dem Spiel; aber auf dem Punkt zu stehn, vor Gericht seine Ehre einzubüßen, weil man nach 17 Jahren erzählt, ein dämlicher alter Oberst habe »verblüfft« ausgesehn, das ist unerhört.

An Georg Friedlaender, Berlin, 7. Dezember 1887

Berechtigung des Pessimismus

Aber sowie man über den Kreis der Familie hinaus ist, beginnt die Sahara, dann und wann eine Oase mit einem Baum und einem Quell, sonst nur Wüstengeier und die Trümmer der armen Kamele, die vor einem des Weges zogen und jämmerlich umkamen in Sand und wieder Sand. Da hast Du meine Stimmung; je mehr sie wächst, je mehr ich mich davon überzeuge, daß sie, so schlecht sie ist, immer noch nicht schlecht genug ist, denn die Natur schuf mich zum Optimisten und Heitersehen, je mehr, sag ich, ich mich gezwungenermaßen von der einzigen Berechtigung des Pessimismus überzeuge, desto mehr ziehe ich mich in meine Klause zurück und meide die Berührung mit den Menschen, die fast immer unangenehm ist. Ein großer Teil der Schuld wird wohl auch an mir selbst liegen, ja, ich würde geneigt sein, ihn nur in mir zu suchen, wenn es nicht so viele Abschnitte in meinem Leben gäbe, die mir den Beweis liefern, daß es doch auch an der Außenwelt liegen muß. In der Fremde (England, Frankreich) sind mir die häßlichen Gefühle, die mich in unsrer Stadt Berlin bedrängen, erspart geblieben, und wenn ich im Sommer 3 Monate lang im Riesengebirge bin und in Krummhübel, Arnsdorf, Schmiedeberg, Erdmannsdorf mehr Gesellschaften mitmache als in 9 Monaten in Berlin, so bleiben mir auch an diesen Plätzen Verstimmungen und Ärgernisse erspart.

An Sohn Theodor, Berlin, 9. Mai 1888

Eine Welt der Mängel

Nur die beiden Scherz und – ich sind von der alten Garde noch übrig. Aber auf wie lange noch? Und wiewohl ich gern gelebt habe, jetzt, am Ende meiner Tage, bin ich doch tief davon durchdrungen, daß dies alles eine Welt der Mängel ist, viel, viel mehr noch, als man in jungen und mittleren Jahren annahm, und daß es nicht schlimm ist, die Unruhe mit der Ruhe zu vertauschen. Sie glauben gar nicht, in wie hohem Maße die Überzeugung davon während dieser letzten Jahre in mir gewachsen ist.Und nicht eigentlich erst seit Georges Tod. Denn man kann den Tod eines geliebten Menschen tief und innig beklagen und doch in Hoffnung und selbst in Heiterkeit weiterleben. Aber dieser Hoffnung und Heiterkeit – was nicht ausschließt, daß man mal herzlich lacht – entbehre ich seit geraumer Zeit schon, und zwar deshalb, weil sowenig geschieht, dem man aus vollem Herzen zustimmen kann. Unsinn und Ungerechtigkeit und überall Selbstsucht und der Neid in allen Formen. Im kleinen geschieht um einen her vieles, was einen wieder aussöhnt (sonst wär es auch nicht auszuhalten), und unbefangene, nichts wollende Herzensgüte lacht einem hier und da entgegen, aber das politische Treiben, das finanzielle, das wissenschaftliche, das künstlerische – wie tief unerfreulich.

An Mathilde von Rohr, Berlin, 23. Mai 1888

Das offizielle Preußen

Beim Begräbnis [von Hermann Scherz], das morgen nachmittag stattfindet – beiläufig die schönste Zeit zum Begrabenwerden: Sommer, Sonnabend, Rüsttag, untergehende Sonne –, werde ich nicht zugegen sein, trotzdem eigentlich eine Herzensverpflichtung dazu vorliegt, aber der Anblick des offiziellen Preußentums und nun gar des offiziellen Preußentums aus der 5. Rangklasse ist mir ganz unerträglich, und nachdem ich mich ein langes Leben lang geschunden und geplagt und all diesen Nichtigkeiten, gezwungen und halbgezwungen, die Honneurs gemacht habe, will ich von meinen 68 Jahren und meiner freien Lebensstellung wenigstens *das* haben, daß ich sagen darf: ich danke für Obst.

An Tochter Martha, Berlin, 8. Juni 1888

Von der Nichtigkeit der Dinge

Ein riesiges Quantum von Unausreichendheit auf *jedem* Gebiet erfüllt die Welt, eine Tatsache, die jeder zugibt (sich selbst mit eingeschlossen), der wir aber alle noch lange nicht genug Rechnung tragen. Wir »rechnen« immer noch mit der Menschheit; Beifall, Zustimmung, Ehren bedeuten uns immer noch was, als wäre damit was getan; das ist aber falsch und unklug, wir müssen vielmehr unsre Seele mit dem Glauben an die Nichtigkeit dieser Dinge ganz erfüllen und unser Glück einzig und allein in der Arbeit, in dem uns Betätigen unser selbst finden.

An Georg Friedlaender, Berlin, 11. November 1889

Schillerpreis

Wir sind nun hier seit drei, vier Tagen ganz »Schillerpreis«; es kommen ganz fabelhafte Gratulationen an, zum Teil von Personen, die ich kaum oder gar nicht kenne [...] Die ganze Geschichte müßte mich ja eigentlich *sehr* glücklich machen, aber es kommt ein bißchen zu spät und fällt bei mir in eine Stimmung hinein, die doch bei aller Heiterkeit schmerzlich ist, weil es ein Durchdrungensein ist von der Nichtigkeit alles Irdischen. Wer nun an ein Ewiges glaubt, dem wird in diesem Zustande erst recht wohl, aber zu den so Beglückten darf ich mich nicht zählen.

An Tochter Martha, Berlin, 24. April 1891

Neueste Väterweisheit

»Zieh nun also in die Welt,
Tue beharrlich, was dir gefällt,
Werde keiner Gefühle Beute,
Meide sorglich arme Leute,
Werde kein gelehrter Klauber,
Wissenschaft ist fauler Zauber,
Sei für Rothschild statt für Ranke,
Nimm den Main und laß die Panke,
Nimm den Butt und laß die Flunder,
Geld ist Glück und Kunst ist Plunder,
Vorwärts auf der schlechtsten Kragge,
Wenn nur unter großer Flagge.
Pred'ge Tugend, pred'ge Sitte,
Millionär ist dann das dritte,
Quäl dich nicht mit ›wohlerzogen‹,
Vorwärts mit den Ellenbogen
Und zeig jedem jedenfalles:
»›*Du* bist nichts und *ich* bin alles.‹«

1891 / Gedichte I. S. 67 f.

Vom Glück, resignieren zu können

Heute war nun Sturm und Regen, aber das Meer vor mir, kam ich kaum zu einem rechten Unmut und wurde an unsere Berchtesgadener Tage erinnert, wo wir von dem reizenden großen Balkon aus bei nicht aufhörendem Regen in das schöne Gebirgstal hineinsahen. Wie vieles ist seitdem anders geworden; das war 6 Wochen vor unserer silbernen Hochzeit; jetzt fehlen nur noch 9 Jahr an der goldenen. Damals ältlichte man, jetzt ist man alt, aber ich bin nicht wie Bogumil Goltz, der vor Wut über sein Alter auf den Tisch schlug. Resignieren können ist ein Glück und beinah eine Tugend.

An Frau Emilie, Wyk, 21. August 1891

Tu ich einen Spaziergang machen

Tu ich einen Spaziergang machen,
Beschäft'gen mich immer allerlei Sachen.
In das Kommende sich versenken,
Tod und Sterben überdenken,
Gibt es so was wie Fortschritt auf Erden,
Oder werden wir alle russisch werden,
Sollen wir was für den Himmel tun,
Alle diese Fragen ruhn,
Immer nur allerkleinste Sachen
Dürfen einen Anspruch machen.
Warum sind Müllers ausgeblieben?
Warum hat Schulze nicht geschrieben?
Werd ich der Meyer im Park begegnen?
Wird es schön Wetter oder wird es regnen?
Und im immer weitern Schreiten
Wechseln so die Nichtigkeiten

92/98 / Gedichte II, S. 507

Mein Leben, ein Leben ist es kaum

Mein Leben, ein Leben ist es kaum,
Ich geh durch die Straßen als wie im Traum.
Wie Schatten huschen die Menschen hin,
Ich selber ein Schatten dazwischen bin.
Und im Herzen tiefe Müdigkeit,
Alles mahnt mich, es ist Zeit.

1892 (?) / Gedichte II, S. 489

Kolonisationspolitik

Die Konquestatorenzeit, wo zwanzig Räuber, weil sie Knallbüchsen hatten, viel gesittetere Leute zu Paaren trieben und die Könige dieser besseren Leute auf den Rost legten –, diese brutale Zeit ist vorbei, und gerechtere Tage brechen an. Die ganze Kolonisationspolitik ist ein Blödsinn; »bleibe zu Hause und nähre dich redlich«. Jeder hat sich *da* zu bewähren, wohin ihn Gott gestellt hat, nicht in einem fremden Nest. Mit Schaudern lese ich jetzt täglich von den verzweifelten Anstrengungen, die England machen will, um den alten Zustand à tout prix zu bewahren. Bis jetzt konnte man sich, wenn man auf England sah, daran aufrichten, daß es wenigstens *ein* Volk in Europa gab, das noch an ein anderes Ideal als an eine »Million Soldaten« glaubte. Wenn England sich dieses kolossalen Vorzugs, der gleichbedeutend ist mit gesundem Menschenverstand, freiwillig begibt und nun auch anfängt, jedem Menschen eine Flinte in die Hand zu zwingen, so steigt es von der Höhe herab, die es bis heute innehatte. Außerdem wird nicht mal *das* dadurch erreicht, was damit erreicht werden soll. Die Menschheit hat zu natürlichen Zuständen zurückzukehren; das aber, womit am ehsten (weil unerträglich geworden) gebrochen werden muß, ist der Militarismus.

An James Morris, Berlin, 26. Oktober 1897

Besorgter Blick in die Zukunft

Ich kann mit Ausnahme des Technischen und Naturwissenschaftlichen (wiewohl auch da die ganz großen Dinge der Vergangenheit angehören) nirgends einen Weltfortschritt wahrnehmen. Die Kanonen und die Gewehre werden immer besser und scheinen die Fortdauer europäischer »Zivilisation im Pizarrostil« vorläufig noch verbürgen zu wollen; aber es geht auch damit auf die Neige, die nichtzivilisierte Welt wird sich ihrer Kraft bewußt werden, und der große Menschheitsauffrischungsprozeß wird seinen Anfang nehmen.

Eigentlich sind wir schon in der Sache drin. [...] Ist mein Blick in die Zukunft richtig, so zieht das Gewitter diesmal noch vorüber; die Wolken sind noch nicht geladen genug, die Regierungen führen noch das Wort, nicht die leidenschaftlichen Volksempfindungen; sprechen aber erst *diese* mit, so werden wir furchtbare Kämpfe haben, nach deren Abschluß die Welt und die Landkarte anders aussehen wird wie heut.

An James Morris, Berlin, 6. Januar 1898

Generalweltanbrennung

Über hundert Jahre besteht nun schon diese Glashütte [in Globsow]. Und wenn ich nun so das jedesmalige Jahresprodukt mit hundert multipliziere, so rechne ich mir alles in allem wenigstens eine Million heraus. Die schicken sie zunächst in andre Fabriken, und da destillieren sie flott drauflos, und zwar allerhand schreckliches Zeug in diese grünen Ballons hinein: Salzsäure, Schwefelsäure, rauchende Salpetersäure. Das ist die schlimmste, die hat immer einen rotgelben Rauch, der einem gleich die Lunge anfrißt. Aber wenn einen der Rauch auch zufrieden läßt, jeder Tropfen brennt ein Loch, in Leinwand oder in Tuch oder in Leder, überhaupt in alles; alles wird angebrannt und angeätzt. Das ist das Zeichen unsrer Zeit jetzt, »angebrannt und angeätzt«. Und wenn ich dann bedenke, daß meine Globsower da mittun und ganz gemütlich die Werkzeuge liefern für die große Generalweltanbrennung, ja, hören Sie, meine Herren, das gibt mir einen Stich. Und ich muß Ihnen sagen, ich wollte, jeder kriegte lieber einen halben Morgen Land von Staats wegen und kaufte sich zu Ostern ein Ferkelchen, und zu Martini schlachteten sie ein Schwein und hätten den Winter über zwei Speckseiten, jeden Sonntag eine ordentliche Scheibe und alltags Kartoffeln und Grieben.

1898 / Dubslav von Stechlin im »Stechlin«, Kap. 6

Resigniertes Bekenntnis

Es ist eine Liebestat, so durch 700 Seiten [»Von Zwanzig bis Dreißig«] durchzugehn. Allem, was Sie über Storm sagen, kann ich gern zustimmen, besonders auch dem, was Sie hinsichtlich des Heiratens in der durch Geburt vorgeschriebenen Sphäre bemerken. Als ich den Storm-Aufsatz schrieb (schon vor ungefähr zehn Jahren), dachte ich über Umgang, Verkehr, Heiraterei ganz anders, und zwar besser, *freier* als jetzt. Ich ärgerte mich über die Spießbürgerlichkeiten, über den ewigen Soupçon und das allzu niedrige Sich-selbst-Einschätzen der außeradeligen Kreise. Jetzt – eben erst in meinen ganz alten Tagen – bin ich, im Gegensatz dazu, zu zwei traurigen Überzeugungen gekommen: man muß jeden Versuch, sich unsren Adel (denn es paßt nur auf *unsren*) durch Freimut erobern zu wollen, aufgeben, und man darf zweitens von keinem Menschen in der Welt etwas annehmen. Wer mir, in unsrer Mark, eine Käsestulle vorgesetzt hat, dem bleibe ich auf Lebenszeit verpflichtet. Ein erbärmlicher Zustand. Und das nennt sich Kultur. – Haben Sie auch *darin* recht, daß mich das Gerlach-Buch zu was Falschem bekehrt hat, so können wir uns mit unsren Freiheitswünschen nur alle begraben lassen. Das entsetzlichste aller Dogmen, die Stuartleistung von der Gottesgnadenschaft der Könige, steht mal wieder in üppigster Blüte (siehe die beiden Reden beim Abschiedsmahle des Prinzen Heinrich), und denke ich mir 500 000 Repetiergewehre dazu, so weiß ich nicht, was mit der Menschheitsentwicklung werden soll, wenn ich nicht auf die bei Hemmingstedt hereinbrechenden Fluten oder auf *ähnlich Elementares* warten darf.

An Friedrich Paulsen, Berlin, 13. Juli 1898

Umsonst

Immer rascher fliegt der Funke,
Jede Dschunke und Spelunke
Wird auf Wissenschaft bereist,
Jede Sonne wird gewogen,
Und in Rechnung wird gezogen,
Was noch sonnenjenseits kreist.

Immer höhre Wissenstempel,
Immer richt'ger die Exempel,
Wie Natur es draußen treibt,
Immer klüger und gescheiter,
Und wir kommen doch nicht weiter,
Und das Lebensrätsel bleibt.

1892/98 Gedichte II, S. 513

Leben

Leben, wohl dem, dem es spendet,
Freude, Kinder, täglich Brot,
Doch das Beste, was es sendet,
Ist das Wissen, daß es endet,
Ist der Ausgang, ist der Tod.

1892/98 / Gedichte II, S. 506

Quellen

Theodor Fontane, Große Brandenburger Ausgabe, hrsg. von Gotthard Erler, Berlin 1994 ff. (Darin u.a.: Ehebriefwechsel und Tagebücher, »Wanderungen durch die Mark Brandenburg«, Gedichte)

Theodor Fontane, Autobiographische Schriften, hrsg. von Gotthard Erler, Peter Goldammer und Joachim Krueger, 3 Bände, Berlin und Weimar 1982 (Darin u.a.: »Meine Kinderjahre«, »Von Zwanzig bis Dreißig«, »Kritische Jahre – Kritikerjahre«)

Theodor Fontane, Sämtliche Werke, hrsg. von Kurt Schreinert u.a., 24 Bände, München 1967–1975

Theodor Fontane, Schriften zur Literatur, hrsg. von Hans-Heinrich Reuter, Berlin 1960

Theodor Fontane, Aufzeichnungen zur Literatur, hrsg. von Hans-Heinrich Reuter, Berlin und Weimar 1969

Theodor Fontane, »Aus den Tagen der Okkupation. Eine Osterreise durch Nordfrankreich und Elsaß-Lothringen 1871«, Nachwort von Gotthard Erler, Berlin 2000 (Aufbau Taschenbuch Verlag)

Fontanes Briefe in zwei Bänden (Bibliothek deutscher Klassiker), ausgewählt und erläutert von Gotthard Erler, Berlin und Weimar, zweite, verbesserte Auflage 1980

Die Fontanes und die Merckels. Ein Familienbriefwechsel 1850–1870, hrsg. von Gotthard Erler, Berlin und Weimar 1987

Theodor Fontane, »Sie hatte nur Liebe und Güte für mich«. Briefe an Mathilde von Rohr, hrsg. von Gotthard Erler, Berlin 2000 (Aufbau Taschenbuch Verlag)

Theodor Fontane, »Meine liebe Mete. Ein Briefgespräch zwischen Eltern und Tochter«, hrsg. von Gotthard Erler, Berlin 2001 (Aufbau Taschenbuch Verlag)

Der Briefwechsel zwischen Theodor Fontane und Paul Heyse, hrsg. von Gotthard Erler, Berlin und Weimar 1972

Theodor Fontane, Briefe, 4 Bände, hrsg von Kurt Schreinert, zu Ende geführt und mit einem Nachwort versehen von Charlotte Jolles, Berlin 1968–1971

Theodor Fontane, Briefe an Georg Friedlaender, hrsg. von Walter Hettche, Frankfurt am Main und Leipzig 1994